“十三五”职业教育国家规划教材

U0872630

新编旅游中等职业教育系列教材

饭店礼仪（第2版）

聂海英　主　编
周　炜　副主编

FANDIAN
LIYI

旅游教育出版社
·北京·

图书在版编目（CIP）数据

饭店礼仪 / 聂海英主编. -- 2版. -- 北京 : 旅游教育出版社，2021.10（2022.12重印）
新编旅游中等职业教育系列教材
ISBN 978-7-5637-4308-7

Ⅰ. ①饭… Ⅱ. ①聂… Ⅲ. ①饭店－商业服务－礼仪－中等专业学校－教材 Ⅳ. ①F719.2

中国版本图书馆CIP数据核字(2021)第199628号

新编旅游中等职业教育系列教材
饭店礼仪（第2版）
聂海英　主　编

责任编辑	何　丹
出版单位	旅游教育出版社
地　　址	北京市朝阳区定福庄南里1号
邮　　编	100024
发行电话	（010）65778403　65728372　65767462（传真）
本社网址	www.tepcb.com
E - mail	tepfx@163.com
排版单位	北京旅教文化传播有限公司
印刷单位	北京虎彩文化传播有限公司
经销单位	新华书店
开　　本	787毫米×1092毫米　1/16
印　　张	14
字　　数	251千字
版　　次	2021年10月第2版
印　　次	2022年12月第3次印刷
定　　价	38.00元

（图书如有装订差错请与发行部联系）

国家示范性职业学校数字化资源共建共享计划
“酒店服务与管理专业”课题组成果转化系列教材

编委会

本册编写人员

主　　编　聂海英

副主编　周　炜

参编人员（按姓氏音序排列）

郭旦华　黄维灿　金小玲　刘芝秀

唐　燕　王　丹　谢艮红　熊　强

徐　莹　闫　君　尹　灵

出版说明

结合《现代职业教育体系建设规划（2014—2020年）》的指导意见和《教育部关于“十二五”职业教育教材建设的若干意见》的要求，我社组织旅游职业院校专家和老师编写了“新编旅游中等职业教育系列教材”。这是一套体现最新精神的、具有普遍适用性的中职旅游专业规划教材。

该系列教材具有如下特点：

（1）编写宗旨上：构建了以项目为导向、以工作任务为载体、以职业生涯发展路线为整体脉络的课程体系，重点培养学生的职业能力，使学生获得继续学习的能力，能够考取相关技术等级证书或职业资格证书，为旅游业的繁荣和发展输送学以致用、爱岗敬业、脚踏实地的高素质从业者。

（2）体例安排上：严格按教育部公布的《中等职业学校专业教学标准（试行）》中相关专业的教学要求，结合中等职业教育规范以及中职学生的认知能力设计体例与结构框架，组织具有丰富教学经验和实际工作经验的专家，按项目教学、任务教学、案例教学等方式设计框架、编写教材。

（3）内容组织上：根据各门课程的特点和需要，除了有正文的系统讲解，还设有案例分析、知识拓展、课后练习等延伸内容，便于学生开阔视野，提升实践能力。

旅游教育出版社一直以“服务旅游业，推动旅游教育事业的发展”为宗旨，与全国旅游教育专家共同开发了各层次旅游及相关专业教材，得到广大旅游院校师生的好评。在将这套精心打造的教材奉献给广大读者之际，深切地希望广大教师学生能一如既往地支持我们，及时反馈宝贵意见和建议。

旅游教育出版社

序

为深入贯彻落实《国家中长期教育改革和发展规划纲要（2010—2020年）》关于“加快教育信息化进程”的战略部署，按照职业教育改革创新行动计划和《教育部 人力资源和社会保障部 财政部关于实施国家中等职业教育改革发展示范学校建设计划的意见》（教职成〔2010〕9号）要求，加快推进职业教育数字校园建设，2011年11月，教育部职成司下发〔2011〕202号文件《关于实施国家示范性职业学校数字化资源共建共享计划的通知》，确定以国家示范性职业学校为引领，实施“国家示范性职业学校数字化资源共建共享计划”，促进优质资源共享，提升信息技术支撑职业教育改革创新的能力，着力提高人才培养质量。

2012年1月和2014年3月，重庆市旅游学校通过遴选被教育部确定为酒店服务与管理专业数字资源第一、第二期共建共享项目课题组、协作组组长单位。在两期项目建设过程中，重庆市旅游学校协同广东省旅游职业技术学校、广州市旅游商务职业学校、浙江长兴县职业技术教育中心学校、四川宜宾市职业技术学校、四川什邡市职业中专学校、成都市财贸职业高级中学、沈阳外事服务学校、江西省商务学校和海南三亚高级技工学校等项目副组长学校带领全国25所示范中职学校的98名骨干教师开展本项目的第一、第二期建设。

为确保项目建设质量，课题组确定了“总体设计、专家引领、名师参研、企业参与”的建设思路，特聘请全国职教课程专家、华东师范大学职成教研究所副所长徐国庆教授为首席顾问，特邀首批中国饭店业经营管理大师石世珍、广州南沙大酒店总经理杨结、重庆澳维酒店总经理张涛等饭店行业专家全程指导资源库建设与开发。

依据全国旅游职业教育教学指导委员会制定的《中等职业学校高星级饭店运营与管理专业教学标准（试行）》，本着“模块化呈现、精细化教学、多样化适应”的开发理念，项目共开发了酒店服务与管理专业9门专业课的网络课程，按照教育部统一技术标准制作了5000余个学习课件，共编写、整理了近40万字的文字资料，制作了80个微课视频、169个高清技术视频和214个演示动画，拍摄整理了6000多张专业图片，完成了420个授课课件、逾万道试题的编辑制作。

为物化项目建设成果，我们联合旅游教育出版社，结合教育部发布的中等职业学校高星级饭店运营与管理专业教学标准，把资源共建共享项目的网络课程成果编写成教材，拟共出版8本教材:《饭店礼仪》《饭店专业英语》《饭店产品营销》《茶艺与茶文化》《酒水知识与服务技能》《客房服务与管理》《前厅服务与管理》《餐饮服务与管理》（为与教育部制定的专业教学标准保持一致，将共建共享项目中的中餐与西餐课程合成一本教材出版）。希望以此惠及更多的学生及广大读者朋友。本系列教材融入了我们一线老师多年积累的教学经验成果，由于水平有限、时间仓促，难免存在不当之处，恳请各位专家、学者以及广大读者予以批评指正。

国家级数字化精品课程资源酒店服务与管理专业
（第一期、第二期）课题组组长
聂海英

试题练习答案

再版前言

旅游业的蓬勃发展对旅游行业从业人员的专业素质提出了更高的要求。饭店业是旅游行业的重要环节，其服务质量关系到企业的生命力、地方旅游业的发展和声誉，因此高星级饭店运营与管理专业学生应学习和遵从行业标准和规范。而职业学校大多数专业教材只注重专业理论知识教学，忽略了职业场所的实操演练教学，学生的学习与行业岗位需求严重脱节，直接影响工作职场的工作效率。由此，我们编写了这本《饭店礼仪》教材。本教材由 3 个模块、11 个项目、38 个任务组成，改变了以往传统教科书的知识传授及授课方式。饭店礼仪是中等职业学校高星级饭店运营与管理专业的一门核心课程，是一门基础课程。该课程具有时代性、务实性与操作性。

1. 以模块化、项目教学理念为引领，重构精品课程体系

教材编写确立了“模块化呈现、精细化教学、多样化适应”三个基本思路，采用任务引领型课程体系；变知识学科体系为职业能力体系；变书本理论知识传授为接待服务礼仪培养；将教学内容与行业岗位需求相对接，并加入教学评价等相关内容，图文并茂，生动形象，以职业生涯发展为方向，以典型工作任务为载体，以职业技能鉴定为参照，构建以任务引领型课程为主体的专业教学课程框架。教材还融入了任务导入、实操练习、试题练习、延伸阅读等配套资源来实现“助学”，大大加强了本教材的实用性，教师乐于教，学生乐于学。

2. 产教结合实现教材内容学以致用

本教材邀请了数十家企业全程参与开发，体现了校企深层次的合作方式，实现学校、企业共赢。企业的参与实现了教材内容与岗位、行业的对接。企业专家以顾问团队的身份参与教材开发，学校教师也能有更多的机会参加行业培训，专业教师团队的教学技能得到了锻炼与提升；在教学中学生将直接遵循行业标准，将工作服务过程渗透进学校的实训教学，让学生在实训过程中体验到真实的服务与管理，学以致用。在教材资源试用的过程中，师生普遍反映课程的理念先进、任务明确、形式新颖，改变了传统的教学模式。

3. 体现以“学生为中心”的教学理念，让学生在“动”中和愉悦中学习

为使培养的人才适合行业的需要，编者以饭店行业各岗位需求为导向，编写了这本适应饭店职场需求的饭店礼仪教材。本教材突破了传统教材内容“难、繁、偏、旧”的现

状，实现教材内容的现代化、适应性。教材内容与现代饭店业发展紧密联系，关注学生的学习兴趣和专业经验，精选了学生感兴趣的图片，配以表格，形式新颖，图文精美。本教材的编写还体现了一个重要理念，就是“以学生为中心”教学，让学生在“动”中和愉悦中学习。妥善处理了传授知识和培养能力的关系，突出专业教学、实践教学和能力训练的新型课程体系，满足了中等职业学校高星级饭店运营与管理专业人才的培养需求。

本教材建议安排34学时，其中模块一10学时，模块二4学时，模块三20学时。

本教材由重庆市旅游学校聂海英校长担任主编，重庆市旅游学校周炜老师担任副主编。模块一中的项目一由重庆市旅游学校闫君编写；项目二由武汉市东西湖职业技术学校徐莹编写；项目三由武汉市东西湖职业技术学校王丹编写。模块二中的项目一由重庆市北碚职教中心刘芝秀编写；项目二由重庆市北碚职教中心熊强编写；项目三由重庆市北碚职教中心唐燕编写。模块三中的项目一由重庆市旅游学校周炜编写；项目二由重庆市旅游学校谢良红编写；项目三由重庆市旅游学校尹灵编写；项目四由重庆市旅游学校闫君编写；项目五由江西省商务学校郭旦华编写。附录由遵义市职业技术学校金小玲、黄维灿编写。重庆市旅游学校周炜对教材进行统一整理。

为提升教材质量，在本次修订中，本教材编者针对部分模块项目任务进行了适当调整，并增加了试题练习的答案。修订工作分工及修订内容如下。模块一项目一中的任务1化妆礼仪、任务2皮肤保养礼仪由重庆市旅游学校闫君修订。模块三项目一中的任务1预订服务礼仪、任务4投诉服务礼仪由重庆市旅游学校周炜修订。模块三项目二中的任务1客房清扫服务礼仪、任务2客衣服务礼仪、任务3客房服务中心服务礼仪、任务4客房公共区域服务礼仪由重庆市旅游学校谢良红修订。模块三项目三中的任务1中餐服务礼仪、任务4酒水服务礼仪由重庆市旅游学校尹灵修订。模块三项目四中的任务1康体休闲项目服务礼仪、任务2保健休闲项目服务礼仪、任务3娱乐休闲项目服务礼仪由重庆市旅游学校闫君修订。模块三项目五中的任务1会见前准备、任务2会见服务礼仪、任务3会谈厅室布置、任务4会谈服务礼仪由由江西省商务学校郭旦华修订。重庆市旅游学校周炜对修订教材进行统一整理。

本教材在编写过程中参阅了有关资料，这些资料给予了我们帮助与引导，在此向提供相关资料的作者表示衷心的感谢。图片拍摄场地由重庆圣荷酒店提供，在此向提供拍摄场地的酒店表示衷心的感谢。

饭店行业在迅猛发展，专业知识也在不断更新。鉴于我们的能力有限，教材中有不当之处敬请读者提出宝贵意见。

编者

2021年9月

目 录

模块一
试题练习答案

模块一

饭店服务人员外在形象礼仪

在职场或社会交往中，个人的外在形象礼仪直接影响他人对自己的第一印象和评价，所以饭店员工掌握在饭店服务中的外在形象礼仪，不仅能塑造良好的个人形象，还能体现出个人修养和专业能力，更有可能为饭店创造潜在的资源价值。因此，掌握并遵循饭店员工外在形象礼仪规范有着重要的意义。本模块包括仪容礼仪、仪表礼仪和仪态礼仪三个项目。通过本模块的学习，有助于了解掌握饭店服务人员外在形象礼仪的规范和标准，提升个人职场素养和饭店形象。

任务导读

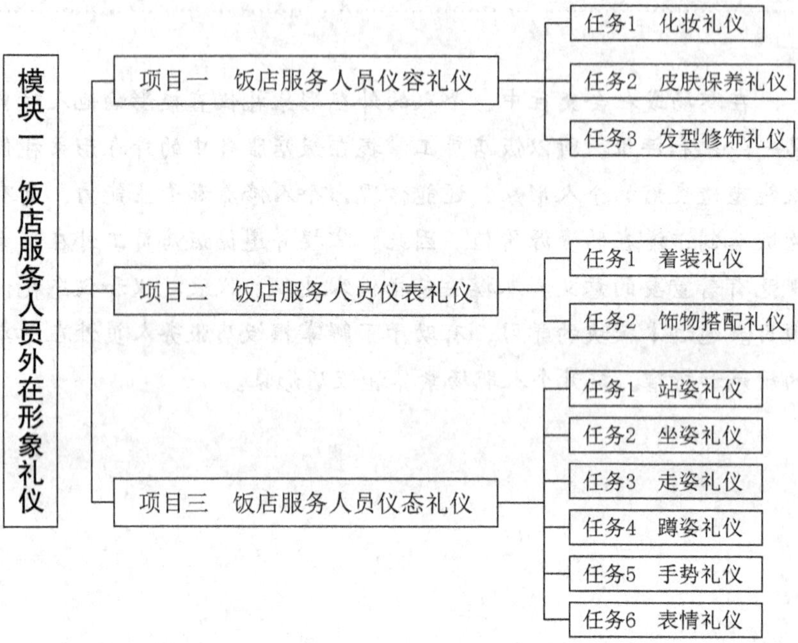
模块一　饭店服务人员外在形象礼仪
项目一　饭店服务人员仪容礼仪
任务1　化妆礼仪
任务2　皮肤保养礼仪
任务3　发型修饰礼仪
项目二　饭店服务人员仪表礼仪
任务1　着装礼仪
任务2　饰物搭配礼仪
项目三　饭店服务人员仪态礼仪
任务1　站姿礼仪
任务2　坐姿礼仪
任务3　走姿礼仪
任务4　蹲姿礼仪
任务5　手势礼仪
任务6　表情礼仪

项目一　饭店服务人员仪容礼仪

项目描述

为了保证饭店服务人员在工作中展现出良好的职业素养，首先需要其保持得体大方的仪容。

饭店服务人员仪容礼仪主要由化妆、皮肤保养和发型修饰三个任务构成。培养提高学生的礼仪修养，使其将这三个任务标准的落实贯穿于饭店服务的各项工作中，将大方、得体、自然的仪容呈现在宾客面前。

学习目标

1. 能在职场中按照化妆礼仪的要求修饰面容；
2. 能在职场中按照皮肤保养礼仪的要求清洁面部；
3. 能在职场中按照发型修饰礼仪的要求塑造个人形象；
4. 能提升自身作为饭店从业人员的服务意识，端正工作态度，提高礼仪修养。

任务1　化妆礼仪

任务目标

- 能根据化妆礼仪基本要求和标准，修饰自己的面容；
- 能在自身的职业妆容中体现化妆礼仪的规范、标准。

任务安全与其他注意事项

- 身体状态良好，精神面貌饱满；
- 真诚待客，强化服务意识；
- 选择适合饭店职场的着装。

任务导入

一天，黄先生与两位好友小聚，相约某知名饭店。接待他们的是一位五官清秀的服务员，其接待服务工作做得很好，可是她面无血色，显得无精打采。黄先生发现，这位服务员没有化工作淡妆，在餐厅昏黄的灯光下显得病态十足。上菜时，黄先生又偶然看到传菜员涂的指甲油缺了一块，他的第一个反应就是“不知是不是掉到我的菜里了”。但为了不惊扰其他客人用餐，黄先生没有将他的怀疑说出来。用餐结束后，黄先生唤服务员结账，服务员却一直对着反光的玻璃墙面修饰自己的妆容，丝毫没注意到客人的需要。自此以后，黄先生再也没有去过这家饭店。

旅游业是服务行业的重要组成部分，旅游行业从业人员的仪容礼仪会对客人的消费体验产生直接的影响。因此，旅游行业从业人员必须严格按照行业规范要求注意自身的仪容，提供给客人真正令人满意的服务。那么，我们在饭店职场环境中应该怎样修饰自己的妆容呢？下面就一起进入本任务的学习。

相关知识

化妆礼仪是现代女性的一种自我美化活动，是女性提高自信心、增强自尊心的重要手段和途径，也是出席较为正式的公关活动的重要礼仪要求。

化妆操作方法、标准及礼仪要求如下。

（一）准备工作

准备齐全所需的化妆品。

服务标准：化妆工具整洁、卫生齐全。

（二）洁面、护肤

（1）用温水、洗面奶洗脸；

（2）用爽肤水润肤；

（3）用乳液或润肤霜护肤。

服务标准：

（1）根据皮肤性质选择合适的洗面奶、护肤品；

（2）将脸洗净。

（三）修整眉毛

（1）根据眉毛的形状，修整眉毛附近多余的眉毛；

（2）根据脸型画眉毛：

①方脸→上扬眉　②长脸→一字眉

③圆脸→高挑眉　④菱形脸→欧式眉

服务标准：画眉时从眉峰到眉尾必须将线条慢慢地减细，并顺着眉型微微上扬，两眉之间保持一定距离。

（四）打底妆

（1）隔离：涂抹隔离霜；

（2）底妆：涂抹粉底；

（3）定妆：用粉刷将散粉均匀地刷在脸上。

服务标准：使用正确的粉底色调，与肤色相符。

（五）眼部化妆

（1）画眼线：用眼线笔沿睫毛根部，由外眼角向内眼角方向画；

（2）涂眼影；

（3）抹睫毛膏：用睫毛夹使睫毛卷曲，然后用睫毛刷把睫毛膏均匀地涂抹在睫毛上。

服务标准：眼妆（如眼影的颜色、睫毛膏类型选择）与面部协调。

（六）涂腮红

涂腮红：用胭脂刷将胭脂涂扫在面颊的相应部位。

服务标准：长形脸采用横扫，可以在视觉上将脸型变宽，圆形脸、方形脸采用竖扫，可以在视觉上将脸型拉长。

（七）唇部化妆

（1）画唇线：连接各点勾画唇线；

（2）涂唇彩或唇膏：与勾画唇线的方向一致。

服务标准：上妆者的唇妆与整体协调。

（八）定妆

进行细部调整。

服务标准：化出的淡妆符合饭店岗位标准。

（九）卸妆

（1）卸妆。

眼部：用卸妆油按睫毛、眼线、眼影、眉毛的顺序卸妆；

面部：取适量卸妆乳，分别点于额头、脸颊、鼻子、下巴和唇部，轻揉面部，之后洗净。

（2）保养：润肤。

服务标准：清洗干净，无残留。

延伸阅读

化妆师教你打造明星级脸蛋

大家每天都会在电视节目或者各种活动报道中看到光鲜亮丽的明星，羡慕他们漂亮的脸蛋和婀娜的身姿。明星真的生来就与众不同吗？其实不然。大部分明星卸了妆跟我们周围的邻家小妹、街边路人没什么区别。经过化妆师的精心雕琢，就变身为漂亮的公主和女王。今天为大家介绍几个化妆师的私家秘籍，让每一个爱美的女性都可以实现明星梦。

第一招："伪造"完美皮肤。

就像你一样，明星们也不都是拥有完美无瑕的肌肤，因此，专业化妆师们通常在粉底液中混入润肤乳和亮粉霜。如果你拥有不错的肌肤，你可以选择粉色的亮粉霜；如果你的肤色暗沉不均，你可以选择金色的。

第二招：让你的眉毛密起来。

让化妆师们头疼的是很多明星也喜欢用镊子把眉毛拔得很稀。为了让眉毛变得浓密，化妆师建议大家使用眉胶。它有点类似发蜡，抹上后会使眉毛看起来更浓密。

第三招：简单地去除小错误。

即使是经验丰富的化妆师也会犯错误，但他们犯错时，不太可能从头开始。因此他们准备了尖头棉签，它能很容易地擦掉不小心弄脏的眼妆。

第四招：拒绝粉饼脸。

相机的闪光灯不能使皮肤变得透明，但能使它显得特别"油亮"，明星们拍照时就必须要上很多蜜粉来保持脸部的粉嫩状态。为防止蜜粉过厚过重，化妆师们会在明星脸上先盖上薄薄一层纸巾，然后透过它上蜜粉。这层纸巾能滤掉多余的粉，使每次上粉后都显得分外轻薄。生活中你完全可以这么做。

知识链接

认识脸型

（1）鹅蛋脸（椭圆形脸）：它是人们心目中的标准脸型，该种脸型的长宽比例为3:2，三庭五眼等分，从太阳穴至下巴呈优美的弧线状连接。

（2）圆脸：外轮廓呈圆形，长与宽比例接近1:1，脸部较有肉感，呈流线形，没有棱角，额头宽大、两腮饱满。

（3）方脸：外轮廓呈正方形，长与宽的比例接近1:1，脸部棱角分明，额头宽大，棱角突出，国字形感觉明显。

（4）长方形脸：宽度较窄，显得瘦削而长，纵向感突出，发际线接近水平而额头高，脸颊线条较直，额部突出，角度分明，长宽比例接近2:1。

（5）菱形脸：又称为申字脸、钻石脸，该脸型一般较为清瘦，颧骨突出，尖下颏，发际线较窄，脸部较有立体感，脸上少有赘肉。

任务评价

序号	评价项目	评价标准	评价结果			
			优	良	合格	不合格
1	准备工作	化妆工具整洁、齐全				
2	清洁面部、护肤	正确的洗脸和护肤				
3	认识脸型	学会辨认不同的脸型				
4	修整眉毛	根据不同的脸型对眉毛进行修饰				
5	打底妆	按照底妆步骤打好底妆				
6	眼部化妆	会画眼线、涂眼影、刷睫毛膏				
7	涂腮红	正确地涂抹腮红				
8	唇部化妆	选择正确的唇彩颜色涂抹				
9	定妆	化出的淡妆符合饭店岗位标准				
10	卸妆	清洗干净，无残留				

任务练习

一、实操练习

（1）基础训练。根据化妆礼仪的要领进行练习。对着化妆镜练习，应特别注意口红和腮红的颜色。

（2）情境训练。根据饭店不同岗位需求，练习化妆。

情境一：饭店前台。前台员工的妆容在口红和眼影颜色的选择上，可以稍稍提亮。

情境二：饭店餐厅。餐厅员工的妆容以清新自然为主，粉底不可过于厚重。

实训指导教师对实操练习结果是否规范、恰当进行把关。

实操练习时间每人 20 分钟，全班参与任务评价，每人写出实训小结。

二、试题练习

1. 填空题

（1）画眼线时用眼线笔沿睫毛 ________，由 ________ 眼角向 ________ 眼角方向画。

（2）鹅蛋脸（椭圆形脸）是人们心目中的标准脸型，该种脸型的长宽比例为 ________，________ 等分，由太阳穴至下巴呈优美的弧线状连接。

2. 单项选择题

（1）菱形脸型的人适合画（　　）。

A. 上扬眉　　B. 一字眉　　C. 高挑眉　　D. 欧式眉

（2）涂抹腮红时（　　）脸采用竖扫，可以从视觉上将脸型拉长。

A. 长形、方形　　B. 圆形、方形

C. 圆形、长形　　D. 方形、菱形

任务 2　皮肤保养礼仪

任务目标

- 能根据皮肤保养的基本要求清洁面部；
- 能辨别皮肤的类型，使用正确的方法保养皮肤。

任务安全与其他注意事项

- 身体状态良好，精神面貌饱满；
- 真诚待客，强化服务意识；
- 选择适合饭店职场的着装。

任务导入

课堂互动：随机请三位同学上台，分别介绍自己的皮肤状态在夏季和冬季是否有所不同，不同之处表现在哪些方面。

每个人的肤质各不相同，每个人的皮肤对周围环境、气候的适应程度也各不相同。作为饭店服务人员，要塑造良好的个人形象就必须随时注重自身皮肤的保养，这样才能保证自己以最佳的状态出现在宾客面前。那么，如何才能做到规范有效地保养皮肤呢？下面，我们就一起来学习本任务内容。

相关知识

在当今社会，皮肤保养基本上已成为每个人自身形象塑造中不可或缺的一个环节。要做到合理规范、有效地保养皮肤，归纳起来有以下几个步骤。

（一）洁面

产品：洁面乳、洁面凝胶、洁面泡沫、洁面粉末等。

用法：清水湿脸，然后将洁面乳、凝胶、泡沫或粉末加水起泡后，均匀涂抹于面部轻轻按摩，然后用水冲洗干净。

服务标准：洁面乳比较适合干性或敏感性肌肤。凝胶、泡沫或粉末比较适合油性、混合性及中性肌肤。

（二）爽肤

产品：化妆水（爽肤水、调节水、收敛水等）。

用法：可倒在化妆棉上轻拭面部，或用手将爽肤水轻拍面部。

服务标准：所有肌肤都需要这个步骤，敏感肌肤则最好避免使用化妆棉。

（三）精华

产品：精华素、精油。

用法：整面涂均或只集中涂需要的部位，轻拍以助精华液吸收。眼部仅可涂抹眼部精华液，不能把普通面部精华液涂在眼部。

服务标准：选择正确的精华液，精华液要涂抹均匀。

（四）乳液

产品：乳液。

用法：取适量均匀涂于整个面部，或倒在化妆棉上轻拭面部。

服务标准：使用时尽量避开眼周，防止眼周长脂肪粒。

（五）眼部护理

产品：眼部精华素、眼部凝胶、眼霜。

用法：首先使用眼部精华，再加上眼部凝胶或眼霜，用无名指蘸米粒大小的量，轻按在双眼周围。

服务标准：眼霜通常用来减淡皱纹，眼部凝胶通常用来减淡黑眼圈或改善浮肿。涂眼霜时不要用力擦眼睛，以免皱纹产生。

（六）面霜

产品：保湿霜（日霜、晚霜、兼用型）。

用法：取适量均匀涂于整个面部。

服务标准：根据肤质和季节选择面霜。

（七）防晒

产品：防晒霜。

用法：将要暴露在阳光下，提前20分钟涂抹，如直接暴晒，每两小时重复涂抹，涂抹之前先把汗水等水分用纸巾吸干。

服务标准：根据太阳紫外线强度选择不同防晒指数的防晒霜。

（八）周护理

（1）去角质。

产品：去角质磨砂膏。面部去角质前，最好先了解自己的肤质。

用法：彻底将脸部清洁干净，去角质最好在按摩及洗脸后进行。鼻子、额头、下巴部位的油垢角质最多，可以使用去角质磨砂膏轻轻地揉擦这些部位，去除粗糙角质。

服务标准：根据自己的肤质，选择合适的去角质磨砂膏进行保养皮肤。

（2）面膜。

用法：将面膜涂在洁净的脸上，10~15 分钟后用清水冲洗干净。

服务标准：每周定时对皮肤进行护理保养。

延伸阅读

防止脱妆的皮肤护理完全手册

1. 夏季乳液分部位分别涂抹

皮脂多的 T 区部位用量要少，容易干燥的脸颊两侧和下巴周围用量要多。先将整个面部都轻薄地涂抹一次，容易干燥的地方重复多涂抹一些。

2. 护肤宜清凉

不可以用力地揉搓，以免刺激皮肤。手部的温度过高，用力对皮肤揉搓，更容易让面部脱妆。如果要按摩皮肤，在晚上护肤时可以加入按摩。

不可以用力拍打肌肤。用力拍打肌肤容易让肌肤温度变高，这也是脱妆的原因。为了让肌肤清凉，从下部开始轻轻地拍打肌肤，这种方式是可以的。

3. 护肤结束后最好冷敷

在涂抹乳液前先做肌肤冷敷效果更好。这个时候让肌肤毛孔收缩，可以防止脱妆。但是过分冷却的话会让肌肤负担加重，稍稍一会儿就可以了。冷敷时可以将已经冷藏过的冰袋卷在毛巾里敷在面部，或事先把毛巾放入冰箱内冷藏。

知识链接

分析皮肤的类型

1. 中性皮肤

需使用中性或弱酸性洗面乳。保养的重点是保湿、抗皱。

2. 油性皮肤

首先要做好深层清洁工作，皮肤清洗要彻底，同时不能有残留的洁面剂。保养的重点是控油、去黑头、收缩毛孔，预防面疱的产生，同时还要注意皮肤的保湿，否则皮肤会变得既油又缺水。

3. 混合性皮肤

应按不同部位进行护理，在 T 区要重点控油、收缩毛孔，而在其他区域则要注重保湿。

4. 敏感性皮肤

保养的首要原则就是维护角质不受伤害。宜使用不含酒精、香精、果酸的化妆品。清洁时不可过度用力，不宜使用磨砂膏、去死皮霜等产品。

任务评价

序号	评价项目	评价标准	评价结果			
			优	良	合格	不合格
1	分析皮肤类型	正确辨别自己的皮肤类型				
2	洁面	选择适合自己的洁面用品，彻底清洗				
3	爽肤	用正确的手法进行爽肤				
4	精华	选择正确的精华液，精华液要涂抹均匀				
5	乳液	取适量均匀涂于整个面部。或倒在化妆棉上轻拭面部				
6	眼部护理	正确使用眼霜				
7	面霜	根据肤质和季节选择面霜				
8	防晒	根据太阳紫外线强度选择不同防晒指数的防晒霜				
9	周护理	按照周护理步骤，每周定时为皮肤进行护理保养				

任务练习

一、实操练习

本次实操训练在模拟化妆间进行。

学生依次独立完成皮肤护理的实操练习。

由实训指导教师对实操练习过程是否规范、恰当进行把关。

实操练习时间每人 20 分钟，全班参与任务评价，每人写出实训小结。

二、试题练习

填空题

________ 比较适合干性或敏感性肌肤；________、________ 或粉末比较适合油性、混合性和中性肌肤。

任务3　发型修饰礼仪

任务目标

- 熟悉男士、女士在职场中的发型要求及标准；
- 能根据饭店行业要求，正确进行发型修饰。

任务安全与其他注意事项

- 身体状态良好，精神面貌饱满；
- 真诚待客，强化服务意识；
- 选择适合饭店职场的着装。

任务导入

在课堂上随机选出男生、女生各一名，请同学们判断：这样的发型是否符合饭店行业要求？并讨论不同发型在职场中给人留下的印象。每个人的发型根据其脸型、肤色和个人爱好的不同而有所差异，但无论如何，饭店服务人员的发型应该符合行业标准和饭店规范要求。如何正确、规范地修饰自己的发型呢？下面，我们带着这个问题进入本任务的学习。

相关知识

在当今社会，修饰个人发型基本上已成为每个人自身形象塑造中不可或缺的一个环节。饭店行业人员要做到合理规范、有效地修饰发型。发型修饰操作方法与标准及礼仪要求如下。

（一）检查头发整洁度

（1）对着镜子检查头发是否清洁；

（2）隔2~3天洗一次头；

（3）头发无异味。

服务标准：保证头发梳理整齐，不粘连，不板结，无发屑，不留怪异发型。

（二）辨别发质

（1）油性发质：任何季节都爱出油；

（2）中性发质：油脂分泌均衡，不干不油；

（3）干性发质：头发干燥、不容易出油。

服务标准：

（1）油性发质：宜短发，便于清洁；

（2）粗硬发质：不宜剪短发；头发稀少：不宜分中缝。

（三）男士发型（图 1–1）

（1）头发需梳理整齐，不可遮住脸颊；

（2）在工作时间及工作岗位须随时保持发型整齐。

服务标准：

（1）保持头发整洁；

（2）前不过眉、侧不过耳、后不过颈；

（3）发型体现男士阳刚之气。

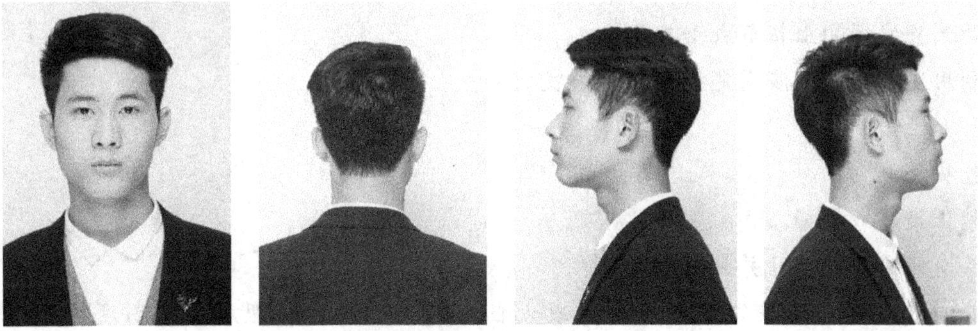

图 1–1　男士发型

（四）女士盘发（图 1–2）

（1）头发吹至七成干，全部束在脑后扎成马尾；以螺旋状方式将头发盘在脑后；用 U 形夹固定住周围头发。

（2）戴上头花，将蝴蝶结置于发髻正上方，发网兜住整个发髻，用直排夹固定住周围发网。

（3）最后调整发型，将两侧鬓发用啫喱固定。

服务标准：

（1）刘海应梳理整齐，不可超过眉毛；

（2）不可有细发蓬乱、散落。不可将头发染成杂色，须保持自然发色；

（3）须将头发塞至耳后，露出双耳。

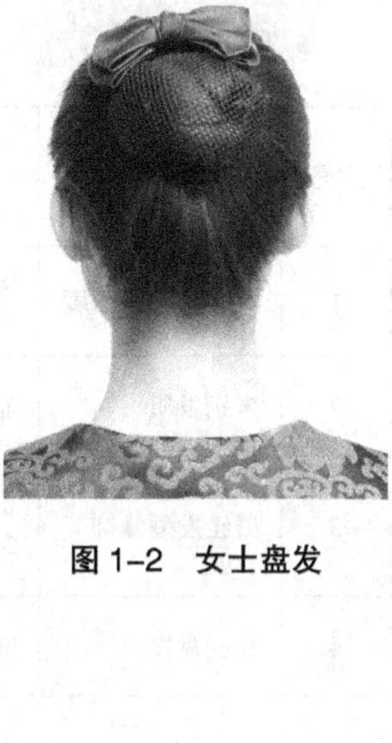

图 1–2　女士盘发

（五）女士发饰选择

（1）选择的发饰颜色为黑色或与头发本色近似。

（2）发饰，如精美的发簪、花朵发卡。

服务标准：发饰颜色不可过于鲜艳，造型应简单大方。

（六）检查发型

检查发型修饰与整体是否和谐。

服务标准：符合岗位要求。

延伸阅读

发型标准

1. 男性

两侧头发及鬓角长度不能超过耳朵。

禁止染发或把头发烫成小卷式样。

头顶须向侧边梳平，如西装头。

两侧头发须向上推剪成垂直状。

利用发胶或定型液固定头发，让头发伏贴。

2. 女性

包头。

禁止染发或挑染。

头发随时保持整洁并且经常修剪。

头发长度及肩，使用黑色无亮片或无任何珠饰的发网梳理成髻，高度须位于枕骨上方。

用梳子将头发梳理整齐且以发胶或定型液固定头发，让头发伏贴。

两侧头发不可散落遮住脸颊且应露出双耳，无刘海或刘海不过眉。

任务评价

序号	评价项目	评价标准	评价结果			
			优	良	合格	不合格
1	检查头发整洁度	保证头发梳理整齐，不粘连、不板结、无发屑、不留怪异发型				
2	辨别发质	能够辨别自己的发质				
3	男士发型修饰	头发需梳理整齐，不可遮住脸颊。在工作时间及工作岗位须随时保持发式整齐				
4	女士盘发	能将长发盘成髻，并保持整洁美观				

续表

序号	评价项目	评价标准	评价结果			
			优	良	合格	不合格
5	女士发饰	发饰颜色不可过于鲜艳，造型应简单大方				
6	检查发型	检查发型修饰与整体是否和谐				

任务练习

一、实操练习

本次实操训练在模拟化妆间进行。

学生依次独立完成发型修饰的实操练习。

由实训指导教师对实操练习过程是否规范、恰当进行把关。

实操练习时间每人 20 分钟，全班参与任务评价，每人写出实训小结。

二、试题练习

填空题

（1）进行发型自查时，保证头发梳理整齐，________，不板结，________，不留怪异发型。

（2）女士发型的修饰，刘海应梳理整齐，不可超过 ________；不可有细发蓬乱、散落；不可染成 ________，须保持自然发色。

项目二 饭店服务人员仪表礼仪

项目描述

为了保证饭店服务人员的外在形象端庄、得体，服务人员必须要注重仪表礼仪，学会得体搭配饭店工作服装、服饰等，这不仅是尊重他人也是尊重自己的体现。

饭店服务人员仪表礼仪主要由着装和饰物搭配两个任务构成。每个任务包含具体标准及内容、任务演练以及对学生学习效果的评价。借助本项目可以培养和提高学生礼仪修养，使其认识到讲究仪表礼仪体现了对他人、对社会的尊重，也表现了服务人员对工作的热爱和对客人的热情。

学习目标

1. 能在职场中按照饭店服务人员着装礼仪要求合理穿搭服饰；
2. 能在职场中按照饭店服务人员饰物搭配要求恰当搭配饰品；
3. 提升自身的饭店服务意识，端正工作态度，提高礼仪修养。

任务 1 着装礼仪

任务目标

- 能根据饭店岗位标准搭配工作服，正确系领带或纱巾、佩戴名牌、配鞋袜；
- 能体现着装的规范、标准，着装整洁，尊重他人。

任务安全与其他注意事项

- 冬夏工作服及时更换；
- 不得随意更改员工制服。

任务导入

某饭店餐厅服务员小张上班快要迟到了，他匆忙去洗衣房拿回自己换洗的工服并迅速换好上岗。用餐时间到了，小张和同事开始了忙碌的工作。这时饭店的长住客王先生到餐厅用餐，由小张为其进行服务，王先生发现小张工服的背后开线了，并且每位员工都佩戴着工作名牌而小张却没有。王先生质疑小张的工作态度，觉得小张在工作前没有做好充分的准备。饭店工作服是饭店向客人表达的第一声问候，是饭店树立良好第一印象的重要途径，体现了饭店形象和脸面。如果你是小张，你打算如何补救这个过失？你从本案例中得到了什么启示？

相关知识

对于服务行业来说，得体的服装是行业规范的一种体现。每个饭店都非常注重员工的形象，有的甚至专门聘请设计师来设计饭店工作服，使之美观、实用。饭店行业应让饭店的职业装成为一种职业考量的标准，应让员工以穿上饭店的工服而感到自豪。

一、饭店着装基本要领

检查了解工作服。衣裤搭配得当。领带或纱巾选择恰当。正确佩戴名牌。鞋袜符合规范。

二、饭店着装操作方法与标准及礼仪要求

（一）检查了解工作服

饭店员工的着装应该与员工的工作性质、工作环境相一致。不同的工作岗位有不同的形象要求，所以酒店员工的着装就有较高的实用性、象征性等要求。所有员工应按照饭店规定穿着制服上岗，制服整洁，纽扣齐全，不可竖起衣领等。

在上岗前应仔细检查制服是否整洁、挺括，有无污渍，是否脱线等。

（二）衣裤搭配得当（图 1–3）

1. 上衣的选择

饭店工作服所选择的衬衣一般以白色为宜。白色衬衣显得稳重，是公认的男女皆宜的上班衬衫。但无论何种衬衫，都要求衣领整洁、挺括，不要脏兮兮的。饭店管理者要十分注重且严格对待服装管理，公司的制服是饭店形象的重要指标。

图 1–3　衣裤搭配

衬衫的领头要硬实挺括，要干净，不能太软，或满是油迹斑点，否则再好的西装也会被糟蹋；衬衫的下摆不可过长，下摆要塞在裤子里；衬衫的袖口以露出西装袖之外四分之一英寸为宜；西装

的袖口和裤边都不能卷起来，否则就不礼貌。西装在穿着时可以敞开不系扣子，也可以扣上扣子。西装的衣袋和裤袋里不宜放太多的东西，搞得鼓鼓囊囊的，有失风范。

2. 西裤搭配（图 1-4）

图 1-4　西裤搭配

西裤的裤缝要熨烫挺括，穿时要正对前面；拉好拉链和扎好皮带。裤边不能卷起，口袋不宜装东西。

（三）领带或丝巾选择恰当

1. 领带的选择和佩戴

领带在男人的衣着装饰中占有极其重要的地位，尤其是作为男士西装的重要装饰品，对西装起着画龙点睛的作用。现在不少饭店针对不同层次的管理人员的领带颜色、规格等均有具体的规定。一般来说，接待服务人员以选用与自己制服颜色相称、光泽柔和、典雅朴素的领带为宜。最好不要选用那些过于显眼花哨的领带，尽量选用深色的领带。

领带系好后应外长内短，宽的一片在上且长于窄的一片，长度到皮带扣处为宜。

领带的系法主要有平结、双环结、温莎结等，不同材质的领带可选用不同的系法。

2. 丝巾的选择

在女性服饰搭配中丝巾起着举足轻重的作用。使用丝巾，如果能注意材质、尺寸、色彩、系法的正确搭配，就能使单调的服装画龙点睛。

（四）正确佩戴名牌

1. 佩戴名牌的礼仪

名牌要按统一规定印制，并佩戴在规定的部位上，不能擅自调换，不挂在或别在腰间。有的饭店员工名牌上只有员工的名字而没有显示其部门和职位。这是因为饭店提倡饭店内任何一位员工都必须向有需要的客人提供服务及帮助，不会由于部门的不同而怠慢客人，客人只需要将其问题向一位员工提出就可以得到解决，尽量避免要客人将同一个问题向不同的员工复述，务求一步到位。

2. 正确的佩戴方法

戴在左胸前，成一条直线，不能歪斜；高度为西装左前口袋或者衬衣第二颗纽扣的高度。

（五）鞋袜符合规范

男员工应着深色袜子；女员工着肤色丝袜。女员工禁止穿网格状、雕花镂空的丝袜，袜子应每天更换，保持无异味。

由于饭店员工大部分是在站立或行走中工作，保护双脚和腿部健康显得格外重要。鞋要合脚，以免出现这样或那样的问题。一般来说，接待服务员应穿素雅、端庄、大方的中跟黑色皮鞋。从事收拾、整理客房工作的男、女服务员穿黑布鞋。男员工应穿着黑皮鞋，一般常穿没有花纹的三接头黑皮鞋，男员工的皮鞋应经常打油擦亮；女员工根据岗位的不同选择中跟或平跟鞋。

延伸阅读

男士领带打法图解

（1）平结：为男士选用最多的领结打法之一，几乎适用于各种材质的领带。要诀：领结下方所形成的凹洞需让两边均匀且对称，这种凹洞一般只有真丝的领带才能打得出来。如图 1–5。

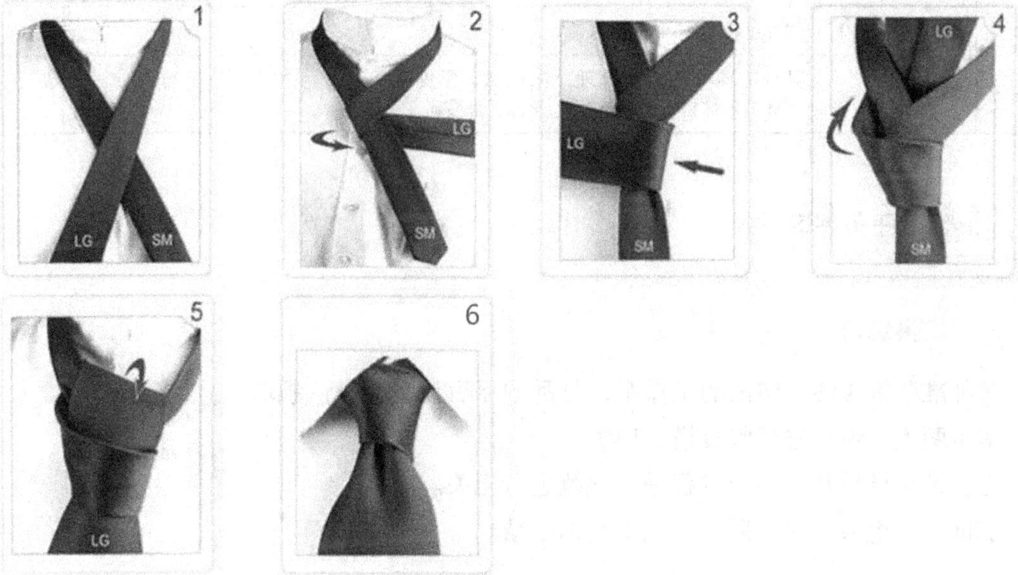

图 1–5　平结

（2）双环结：一条质地优良的领带再搭配上双环结颇能营造出时尚感，适合年轻的上班族选用。该领结完成后的特色就是第一圈会稍露出于第二圈之外，可别刻意给盖住了。

（3）温莎结：温莎结适用于宽领型的衬衫，该领结应多往横向拓宽。应避免使用材质过厚的领带，领结也勿打得过大。

（4）双交叉结：这样的领结很容易让人有种高雅且隆重的感觉，适合正式活动场合选用。该领结应多运用在素色的丝质领带上，若搭配大翻领的衬衫不但适合且有种尊贵感。

任务评价

序号	评价项目	评价标准	评价结果			
			优	良	合格	不合格
1	检查工作	正确领取工服，检查工服是否干净、熨烫平整				
2	正确穿着衣裤	男女员工穿着衬衣必须专业、正规。衣裤穿着符合标准				
3	戴领带或丝巾	男员工领带的搭配合适，系法正确。女员工丝巾的系法正确得体				
4	佩戴名牌	位置正确，不可歪斜				
5	鞋袜搭配	男员工鞋袜的搭配合理，深色袜、黑皮鞋。女员工鞋袜搭配合理，肉色丝袜、黑皮鞋				

任务练习

一、实操练习

教师准备饭店各个岗位的工作服，打乱顺序后让学生辨认领取。

学生两人一组，进行服装搭配训练。

由实训指导教师对实训过程是否规范进行把关。

实训后每组参与任务评价，写出实训小结。

二、试题练习

1. 填空题

饭店男员工应该穿 ________ 袜子，女员工穿 ________ 丝袜。

2. 单项选择题

（1）在公共场所时，女士着装应注意（　　）不能外露，更不能外穿。

A. 袜子　　B. 短裙　　C. 内衣

（2）饭店男员工一般选择（　　）的皮鞋。

A. 白色　　B. 黑色　　C. 红色

（3）员工的名牌佩戴在（　　），应戴在一条直线上，不能歪斜。

A. 左胸前　　B. 右胸前　　C. 不用戴

3. 判断题

（1）佩戴名牌高度：西装左前口袋或衬衣第二颗纽扣。（　　）

（2）饭店员工拿到工服后应立刻穿去上岗。（　　）

任务 2　饰物搭配礼仪

任务目标

- 能在职场中按照饭店服务人员饰物搭配要求恰当搭配饰品；
- 能体现着装的规范、标准，着装整洁，尊重他人。

任务安全与其他注意事项

- 贵重饰品要注意保管；
- 不得炫富。

任务导入

某饭店前台服务人员小红一大早来到前台接班。前晚由于与朋友玩到很晚，来不及卸掉脸上的浓妆和取下夸张的饰品就直接来上班了。早上 9 点钟，香港客人王先生来退房准备赶飞机。小红由于没有休息好，精神状态不佳，没有问候王先生，使王先生不太高兴。“我要退房。”王先生说。“哦，好的。”小红回答。小红慢悠悠地打电话到楼层查房，再慢悠悠地处理退房。王先生看到小红的状态和一脸浓妆，感觉这几日在饭店享受的舒适感荡然无存。小红夸张的饰品在王先生眼前晃动，无精打采的状态让王先生感到生气。这时，前台经理看到这一幕，走到小红身边，接过小红办理的退房手续，为王先生办完了退房手续。如果你是前台经理，随后你应怎么处理？从本案例中你得到了什么启示？

相关知识

饰物，一般是指能够起到装饰作用的物件，如耳环、项链、戒指、手镯、眼镜等。它们有的是实用性与艺术性的结合，有的纯属装饰品。饰物能烘托仪表仪容美。男士一般以戒指、手表、领带夹为主。女士饰物繁多，但在工作场合不宜佩戴首饰（手表、戒指例外），而在舞会、宴会等社交场合，则可以适当佩戴，略加点缀，以增姿色。

每个饭店员工都有自己的服饰佩戴，但不同的饭店服饰佩戴不同。即使同一个饭店，不同等级的员工服饰佩戴也不同。客人往往就是根据每位员工的服饰佩戴，来鉴别服务人员身份的。规范的服饰佩戴，既有利于工作的开展，又有利于服务人员以典雅、大方、得体的仪表仪容出现在客人面前。

一、饭店饰物搭配的基本内容

图 1–6　男女基本配饰

男女基本配饰（图 1–6）如下。

饰物佩戴的基本要素。饭店员工头部配饰。饭店员工颈部配饰。饭店员工手部配饰。

二、饭店员工饰物搭配操作方法与标准及礼仪要求

（一）饰物佩戴的基本要素

饰物种类繁多，佩戴方法多样，在选择佩戴饰物时应起到锦上添花的作用，切不可画蛇添足。

饰物的佩戴应与自身的特点相适应，如体形、肤色、脸型、发型、年龄、气质等。

饰物的佩戴必须考虑所处的季节、场合、环境等因素。

（二）饭店员工头部配饰

1. 眼镜的选择与佩戴

眼镜可佩戴无框眼镜，有框眼镜镜框须为细框金属材质，金、银、黑色皆可。

饭店规定前台服务员等一线工作人员尽量不要佩戴近视眼镜，可选择隐形眼镜。更不可佩戴有色玻璃眼镜工作。如有眼疾者，戴有色眼镜时，应向客人说明或在握手、说话时将眼镜摘下，离别时再戴。

2. 耳饰的选择与佩戴

饭店员工在佩戴耳饰时每只耳朵只可佩戴一个耳钉，耳钉的样式应简单，不可以过于夸张。应该避免佩戴会发出响声的任何类型的耳环。

佩戴耳环还要根据自己的脸型，选择合适的耳环。例如，方脸的人，要使脸部有拉长的感觉，可以选用佩戴耳坠或小耳环，应避免戴宽大的耳环。圆脸最好佩戴耳坠或极小的链式耳环，避免选用大圆耳环，因为大圆耳环会使圆脸显得更圆。长脸戴宽大的耳环，使脸有变宽的感觉，不要选用长而下垂的耳环。

饭店女员工禁止戴吊坠型耳环及夸张型耳环；男员工不允许佩戴耳饰。

3. 帽子

若非制服穿着需要，饭店员工不允许佩戴帽子上班。

4. 头花

饭店女员工工作时要佩戴头花。

（三）饭店员工颈部配饰

颈部佩戴的项链要求精细，不可露出衣领，也不可佩戴于制服外。

（四）饭店员工手部配饰

1. 手表的选择与佩戴

饭店员工的手表必须戴于手腕上，其款式应朴素大方不夸张，有设计简洁的表面及与之相配的表带。

不允许戴卡通手表，不能戴挂表等。直接接触食品的人员只允许将手表放在口袋内。

饭店员工除手表外一般不能佩戴比普通客人高级的饰物，以免挫伤客人的自尊心。

2. 戒指的佩戴

饭店员工双手只允许佩戴一枚订婚或结婚戒指，禁止戴卡通戒指、玩具戒指。直接接触食品的人员禁止戴戒指。

比较特殊或比较昂贵的首饰，如结婚戒指、亲人遗留下的饰物等有特殊纪念意义的首饰，须经上级领导同意后，方可佩戴。

3. 其他手部配饰

饭店员工禁止戴手镯、手链，禁止涂夸张及有颜色的指甲油。

延伸阅读

佩戴手表的日常礼仪

手表，又叫腕表。即佩戴在手腕上的、用以计时的工具。在社交场合，佩戴手表，通常意味着时间观念强、作风严谨；而不戴手表，却总是动辄向他人询问时间的人，则总会令人嗤之以鼻，因为这多表明其时间观念不强。

在正规的社交场合，手表往往被视同首饰。对于平时只有戒指一种首饰可戴的男士来说，更是备受重视。有人甚至认为手表不仅是男人的首饰，而且是男人最重要的首饰。在西方国家，手表与钢笔、打火机曾一度被称为成年男子的“三件宝”，是每个男人不可离身之物。与首饰相同的是，在社交场合人们所戴的手表往往体现其地位、身份和财富状况。因此在人际交往中人们所戴的手表，尤其是男士所戴的手表，大都引人注目。

佩戴手表若要正确无误，自然先要了解手表，并且善于选择手表。选择手表，往往应注重其种类、形状、图案、功能、色彩五个方面的问题。

1. 种类

根据标准的不同，手表可以分为许多不同的种类。在社交场合，人们一般都是依据价格来区分其种类的。按照这个标准，手表可被分为豪华表、高档表、中档表、低档表等四类。以时价而论，豪华表价格在10 000元以上，高档表在2000~10 000元，中档表在500~2000元，低档表在500元以下。选择手表的具体种类时，首先要量力而行，不要做力不从心之事。另外，还要兼顾个人的职业、露面的场合、交往的对象和同时所选用的其他服饰等一系列相关因素。

2. 形状

手表的造型往往与其身份相关。在正式场合所戴的手表，在造型方面应当庄重、保守，避免怪异、新潮。男士，尤其是位尊者、年长者更要注意。造型新奇、花哨的手表，仅适用于少女及儿童。一般而言，正圆形、椭圆形、正方形、长方形以及菱形手表，因其造型庄重、保守，适用范围极广，特别适合在正式场合佩戴。

3. 图案

除数字、商标、厂名、品牌外，手表上没有必要出现其他没有任何作用的图案。选择用于正式场合的手表，尤其需要牢记此点。倘若手表上图案稀奇古怪、多种多样，不仅不利于使用，反而有可能招人笑话。

4. 功能

计时，是手表最主要的功能。因此，正式场合佩戴的手表，不管是指针式、数字式还是报时式，都应具有这一功能，并且应当精确到时、分，能精确到秒则更好。只精确到时的手表，显然不符合要求。有些附加的功能，如温度、湿度、风速、方向、血压、步速等，均可有可无，而且以无为好。总之，手表的功能要少而精，并要有实用价值。

5. 色彩

选择在正式场合佩戴的手表，其色彩应力戒繁杂凌乱，一般宜选择单色手表、双色手表，不应选择三色或三种颜色以上的手表。不论是单色手表还是双色手表，其色彩都要清晰、高贵、典雅。金色表、银色表、黑色表，即表盘、表壳、表带均有金色、银色、黑色的手表，是最理想的选择。金色表壳及表带、乳白色表盘的手表，也能禁得住时间的考验，在任何年代佩戴都不会落伍。

任务评价

序号	评价项目	评价标准	评价结果			
			优	良	合格	不合格
1	搭配要素	饰物的佩戴应讲究整体的效果，要和服装相协调				
2	头部配饰	眼镜、耳饰、帽子、头花等搭配技巧				
3	颈部配饰	金银项链的搭配、不可佩戴的配饰				
4	手部配饰	手表的选择、婚戒的佩戴；不宜佩戴有声响的饰物				

任务练习

一、实操练习

教师准备饭店各个岗位的饰物，打乱顺序后让学生辨认领取。

学生两人一组，进行饰物搭配训练。

由实训指导教师对实训过程是否规范把关。

实训后每组参与任务评价，写出实训小结。

二、试题练习

1. 选择题

一般情况下，男子不宜佩戴的饰物是（　　）。

A. 戒指　　　　B. 耳环　　　　C. 眼镜

2. 判断题

（1）女员工可以戴吊坠型耳环及夸张型耳环；男员工不允许佩戴耳饰。（　　）

（2）饭店员工双手只允许佩戴一枚订婚或结婚戒指，禁止戴卡通戒指、玩具戒指。直接接触食品的人员禁止戴戒指。（　　）

（3）饭店女员工可以佩戴夸张的耳饰，以体现自己的个性。（　　）

（4）冬天，员工可以戴帽子上班。（　　）

3. 简答题

在饰物佩戴上，应考虑哪些因素？

项目三 饭店服务人员仪态礼仪

项目描述

为了保证饭店服务人员在工作中展现出优美的仪态，必须对挺拔站姿、优雅坐姿、轻盈走姿、稳健蹲姿、甜美微笑和正确手势加以学习和训练。

饭店服务人员仪态礼仪主要由站姿、坐姿、走姿、蹲姿、手势和表情6个任务构成。每个任务包含任务的具体内容及标准、任务演练以及对学生学习效果的评价。饭店应培养和提高学生礼仪修养，使学生能将这6个任务标准的落实贯穿于饭店服务的各项工作中，用大方、得体、优美的仪态为客人提供优质的服务。

学习目标

1. 能在职场中按照站姿礼仪的要求做好服务；
2. 能在职场中按照坐姿礼仪的要求做好服务；
3. 能在职场中按照走姿礼仪的要求做好服务；
4. 能在职场中按照蹲姿礼仪的要求做好服务；
5. 能在职场中按照手势礼仪的要求做好服务；
6. 能在职场中按照表情礼仪的要求做好服务；
7. 能提升自身饭店服务意识，端正工作态度，提高礼仪修养。

任务1 站姿礼仪

任务目标

- 能根据站姿基本要求和要领，进行不同站姿的展示；
- 能体现站姿的规范和标准，姿态优美、态度亲切。

任务安全与其他注意事项

- 身体状态良好，精神面貌饱满；
- 选择适合饭店职场岗位要求的服饰和鞋子。

任务导入

某饭店大门口站着一位门童，随时准备为进出的客人提供迎送服务。站了几个小时后门童感觉腿有些酸了，借着没有客人的间隙，站在侧边把鞋子脱了揉脚。虽然是站在侧边还是被刚准备进饭店的客人看到了。看到这一幕，客人立即停住了脚步，皱起了眉头，嘴里嘟囔着："不是四星级饭店吗？门童怎么站都没有站相，服务质量一定也不怎么样，我还是赶紧换一家饭店吧。"此时门童听到了客人的一番自言自语，心里非常后悔，没想到自己的一个不良站姿就让饭店损失了一个客人。

门童代表的是饭店的形象，是客人进入饭店时带给客人的第一印象，门童的表现直接影响到客人对饭店的评价。饭店员工的仪容仪表仪态体现了饭店对员工的要求，是给客人提供优质服务的前提。那么，规范、标准、优美、亲切的站姿应该怎样做到呢？下面让我们带着疑问一起来学习吧。

相关知识

站立是人们在生活交往中最基本的姿势。站姿是生活中静力造型的动作。站立不仅要挺拔，而且要优美和典雅，站姿是优雅举止的基础。站立是饭店工作者的基本功。

一、站姿的基本要领

头正。肩平。躯挺。两眼平视前方。身体重心主要支撑于脚掌、脚弓上。从侧面看，头部与肩部、上体与下肢应在一条垂直线上。

站姿对男士要求是稳健，对女士要求是优美。

二、常用站姿的基本种类

（一）侧放式站姿（图1–7）

（1）双手置于身体两侧，自然下垂。此为男女通用的站立姿势。

（2）两脚跟并拢，两脚尖张开呈V字形，两脚尖距离为45度或一脚在前，将脚跟置于另一脚内侧，两脚尖向外略展开，形成斜写的一个"丁"字。

（二）前腹式站姿（图1–8）

（1）双手虎口相交叠放于脐下三指处，手指伸直，但不要外跷。

（2）两脚跟并拢，两脚尖张开呈V字形，两脚尖距离为45度，或一脚在前，将脚跟置于另一脚内侧，两脚尖向外略展开，形成斜写的一个"丁"字。

（三）后背式站姿（图1-9）

（1）双手轻握置于身体后，右手搭在左手上，贴在臀部。

（2）男士双脚左右开立，注意两脚之间的距离不可过大，两脚间距与肩同宽或比肩稍宽，不要挺腹翘臀；此为男性常用的站立姿势。

图1-7 侧放式站姿

图1-8 前腹式站姿

图1-9 后背式站姿

三、不良站姿（图1-10）

头歪、头部下垂或上扬、探脖、斜肩、弓背、收胸、含腰、挺腹、翘臀、屈腿、叉腰、双手抱胸、手插入衣袋、倚靠物体、歪斜站立、身体晃动、脚抖动。

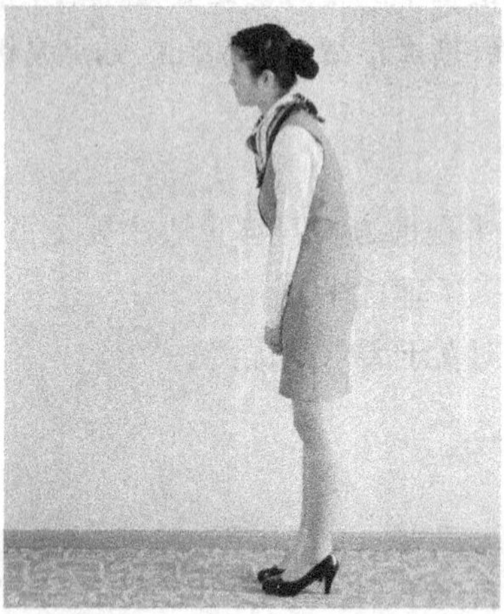

图1-10 不良站姿

延伸阅读

从站姿看性格

背脊挺直、胸部挺起、双目平视的站立：说明有充分的自信，给人以气宇轩昂、心态乐观的印象，属开放型。

弯腰曲背、略显佝偻状的站立：属封闭型，表现出自我防卫、闭锁、消沉的倾向，同时，也表明精神上处于劣势，有惶惑不安或自我抑制的心情。

两手叉腰而立：是具有自信心和心理优势的表现，属于开放型动作。对面对的事物没有充分心理准备时决不会采用这个动作的。

别腿交叉而立：表示持一种保留态度或轻微拒绝的意思，也是感到拘束和缺乏自信心的表现。

将双手插入口袋而立：具有不坦露心思、暗中策划盘算的倾向；若同时配合有弯腰曲背的姿势，则是心情沮丧或苦恼的反映。

靠墙壁而站立：有这种习惯者多是失意者，通常比较坦白、容易接纳别人。

背手站立者：多半是自信力很强的人，喜欢把控局势，控制一切。一个人若面对他人采用这种姿势，说明他怀有居高临下的心理。

任务评价

序号	评价项目	评价标准	评价结果			
			优	良	合格	不合格
1	站姿基本要领	（1）头正； （2）肩平； （3）躯挺； （4）两眼目视前方； （5）身体重心主要支撑于脚掌、脚弓上； （6）从侧面看，头部与肩部、上体与下肢应在一条垂直线上				
2	手位	（1）双手置于身体两侧，自然下垂； （2）双手虎口相交叠放于脐下三指处，手指伸直，但不要外跷； （3）双手轻握置于体后，右手搭在左手上，贴在臀部				
3	脚位	（1）女士两脚跟并拢，两脚尖张开呈 45 度，或双脚呈斜丁字步站立； （2）男士双腿微微分开，双脚与肩保持同宽或比肩稍宽				
4	综合印象	男士站姿要求稳健，女士要求优美				

任务练习

一、实操练习

学生集体练习头顶书、双腿夹纸，以练习和达到站姿的稳定性和持久性。

学生集体练习靠墙站立，以练习和达到站姿的挺拔感。

学生分组练习背靠背站立。通过互助练习减少站姿训练的枯燥性，同时有助于坚持开展站姿练习。

教师给出饭店站立服务的情境，学生进行情境表演，教师检查。

二、试题练习

1. 填空题

（1）男士站姿要求是 ________，女士站姿要求是 ________。

（2）站姿从侧面看，________、________ 应在一条直线上。

2. 单项选择题

（1）下列站姿正确的是（　　）。

A. 东倒西歪　B. 耸肩勾背　C. 双手抱于脑后　D. V 字步

（2）V 字步站姿两脚分开的幅度为（　　）。

A. 35 度　B. 45 度　C. 55 度　D. 65 度

（3）下列站姿手位摆法不正确的是（　　）。

A. 双手置于身体两侧　B. 双手虎口相交叠放于体前

C. 双手叉腰站立　D. 双手叠放于体后

3. 简答题

（1）列举站姿的规范要求。

（2）站姿的脚位主要有哪几种？

任务 2　坐姿礼仪

任务目标

- 能根据坐姿基本要求和要领，进行不同坐姿的展示；
- 能体现坐姿的规范、标准，坐姿高雅、庄重、自信、友好、热情。

任务安全与其他注意事项

- 身体状态良好，精神面貌饱满；
- 选择适合饭店职场岗位要求的服饰、鞋子和椅子。

任务导入

某饭店商务中心有两位年轻漂亮的女员工上班时间凑在一起讨论时尚杂志。由于经理和领班已经下班了，此时又没有客人，因此她们很随意地躺在椅子上，讨论到激动之处，更是没有了仪态。此时有客人进来询问是否可以复印文件，两位员工目光没有移开时尚杂志，随口说“出饭店右拐有复印店”。客人看了一眼她们的坐姿和仪态，没有讲任何话径直走向了饭店大堂，向大堂经理提出了投诉。最后大堂经理向客人道歉并免费为客人复印了文件，两位女员工也因此受到了严重的警告。

商务中心工作人员虽然不是饭店服务的窗口，服务对象针对性很强，但也不能忽略自己的行为给饭店带来的影响。不管是饭店哪个岗位的员工，都只是分工不同，均应依照岗位职责进行对客服务，具备应有的职业道德和素养。

相关知识

坐是最常用的一种举止。坐姿是静态的，但也有美与不美、优雅与粗俗之分。良好的坐姿可以给人以庄重安详的印象。

一、坐姿的基本要领

入座要轻缓。坐满椅子的三分之二处，上身挺直。两肘或自然弯曲或靠在椅背上。双膝并拢，不可双腿分开。双脚自然垂地。双手应掌心向下相叠或两手相握，放于身体的一边或双腿中部。头正、嘴角微闭，下颌微收，双目平视，面容平和自然。右脚后退半步，起身，上身直立。

二、坐姿的基本种类

（一）标准式坐姿（图 1–11）

（1）上身挺直、坐正，双肩平正，两臂自然弯曲。

（2）双手叠放在双腿中部，并靠近小腹，双膝并拢，小腿垂直于地面。

（3）女士两脚保持并拢，男士两脚自然分开 45 度。

（二）侧点式坐姿（图 1–12）

（1）上身挺直，两小腿向左斜出。

（2）双膝并拢，右脚跟靠拢左脚内侧。

（3）右脚掌着地，左脚尖着地。

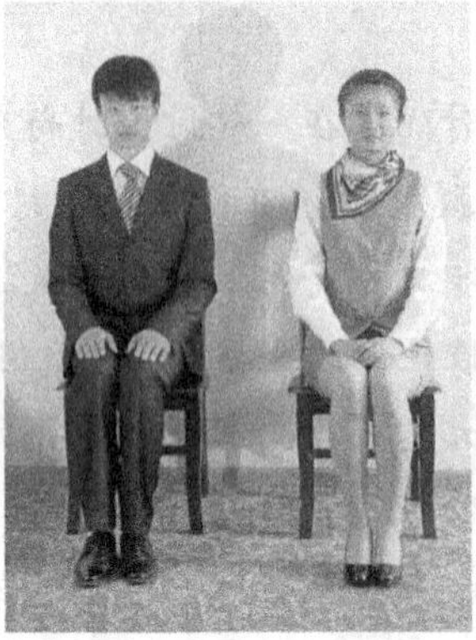

图 1–11　标准式坐姿

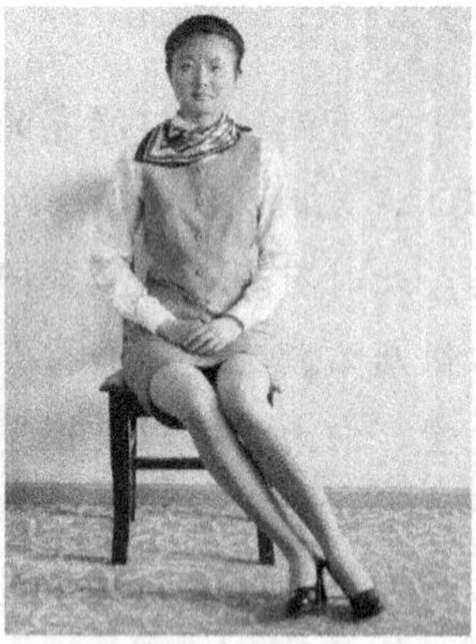

图 1–12　侧点式坐姿

（三）前交叉式坐姿（图 1–13）

（1）上身挺直，一脚置于一脚上。

（2）两踝关节处交叉，两脚尖着地。

（3）膝部可稍分开，但不要过大。

（4）适合于坐在主席台上、办公桌后面或者汽车上。男士、女士都可以选用。

（四）曲直式坐姿（图 1–14）

（1）上身挺直，右脚前伸，左小腿屈回。

（2）大腿靠紧，两脚前脚掌着地。

（3）两脚前后在一条直线上。

图 1–13　前交叉式坐姿

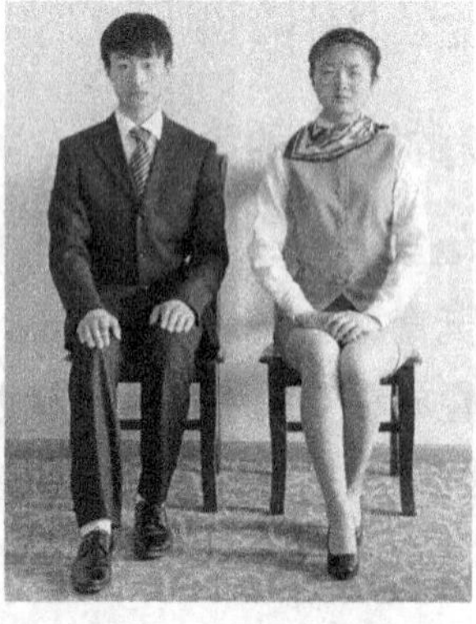

图 1–14　曲直式坐姿

（五）重叠式坐姿（图 1–15）

（1）在标准式坐姿的基础上，两腿向前。

（2）一条腿提起，腿窝落在另一条腿的膝关节，上面的腿应向里收，贴住另一腿的小腿处，脚尖向下。

图 1–15　重叠式坐姿

三、不良坐姿（图 1–16）

坐时前倾后仰，或歪歪扭扭；双腿过于叉开，或长长地伸出；双手放于臀部下面；高架“二郎腿”或“4”字形腿；腿、脚不停抖动；猛坐猛起；双手撑椅；把脚架在椅子或沙发扶手上，或架在茶几上。

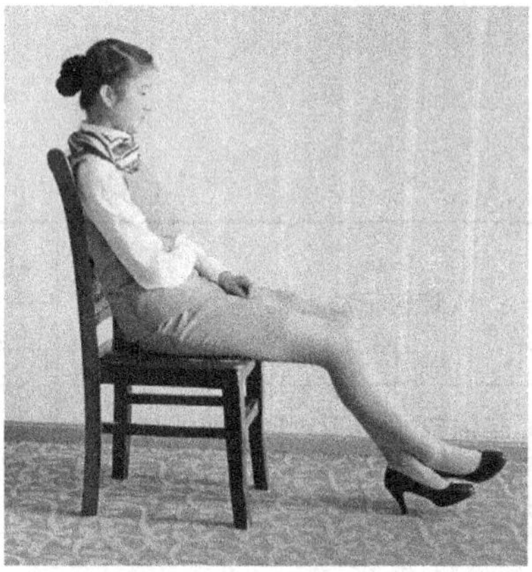

图 1–16　不良坐姿

延伸阅读

从坐姿看性格

身体和语言一样，随时都可能透露我们内心的秘密。心理学家发现，连无意识摆出的坐姿，都与性格有着微妙的联系。

将椅子转过去骑着坐。这样的人显得自信好胜，但防备心多半很强，不太爱与人交心。

喜欢抖腿。这样的人多数聪明、反应快、接受能力强，但不是很有耐心，内心有浮躁或焦虑的一面，有时给人不够稳重的感觉。

端坐在椅子前半部分。这种人一般性格内向，谦虚有礼，善于倾听、体谅别人。他们多半个性成熟、亲和力强，容易受人信赖。

双腿张开，伸得很长。这种人一般性格外向、开朗、不拘小节，但有时比较傲慢、霸道、支配欲强，容易发脾气、耍性子，不愿退让。

前胸紧靠桌子，双腿并拢。这种姿势显得内向、拘谨，有些害羞，不够自信。这样的人多半不太果断，缺乏灵活性。

跷二郎腿。这样的人通常自在随性，有时有些自大，喜欢挑剔，喜欢对别人的事指手画脚，爱给人提建议。

双腿自然分开，手放腿上。这是古代男性的标准坐姿，体现出闲适、儒雅的气度。这种人通常稳重，值得信赖。

喜欢靠着椅背。这样的人可能性格慵懒、散漫，做事拖沓，对自己要求不高，对别人也比较宽容。

任务评价

序号	评价项目	评价标准	评价结果			
			优	良	合格	不合格
1	入座	入座要轻缓；坐满椅子的三分之二处，上身挺直；两肘或自然弯曲或靠在椅背上；双膝并拢，不可双腿分开；双脚自然垂地；双手应掌心向下相叠或两手相握，放于身体的一边或双腿中部；头正、嘴角微闭，下颌微收，双目平视，面容平和自然；右脚后退半步，起身，上身直立				
2	上身	挺胸收腹，精神饱满，两眼平视，两肩齐平，两臂自然弯曲				

续表

序号	评价项目	评价标准	评价结果			
			优	良	合格	不合格
3	双手的摆法	双手应掌心向下相叠或两手相握，放于身体的一侧或双腿中部				
4	双腿的摆法	双腿并拢，两膝并拢。腿同时侧向一方，两膝并拢，脚跟相靠，两脚尖略分开。或一腿叠在另一腿上，但不要跷得太高，一定注意跷起的腿的脚尖要朝向地面。或者双膝并拢，右脚从左脚外侧伸出，使两脚外侧相靠				
5	起身	起身要轻，上身保持直立				

任务练习

一、实操练习

（1）学生在教师的引导下集体进行入座起身练习（图 1–17）。

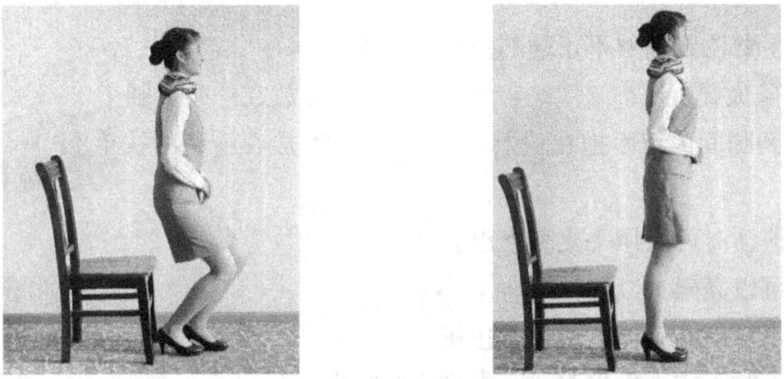

图 1–17　入座起身练习

（2）学生在教师的指导下集体进行手位、脚位练习（图 1–18）。

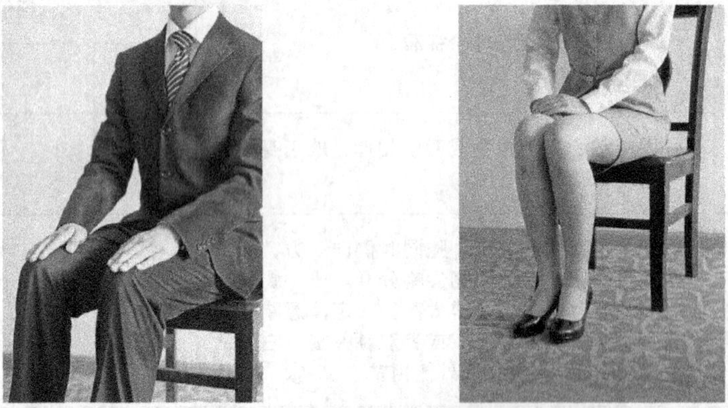

图 1–18　手位、脚位练习

（3）学生互助练习。将学生分成小组进行不同坐姿的训练并相互检查。

（4）教师抽查。教师给出场景，让学生演示在此场景中应展现哪种坐姿。

二、试题练习

1. 填空题

入座时要 ________，坐满椅子的 ________。

2. 单选题

下列坐姿手臂位置摆放不正确的是（　　）。

A. 放在两条大腿上　　B. 放在一条大腿上

C. 手夹于两腿间或双手抱在腿上　　D. 放在身旁的扶手上

3. 判断题

（1）与人谈话时可以用手支着下巴。（　　）

（2）坐姿可以高架“二郎腿”。（　　）

（3）坐时不可前倾后仰，或歪歪扭扭。（　　）

（4）坐沙发时不应太靠里面，不能呈后仰状态。（　　）

4. 简答题

坐姿有哪几种？

任务3 走姿礼仪

任务目标

- 能根据走姿基本要求和要领，进行不同走姿的展示；
- 能体现走姿的规范、标准，走姿优雅、稳健。

任务安全与其他注意事项

- 身体状态良好，精神面貌饱满；
- 选择适合饭店职场岗位要求的服饰和鞋子。

任务导入

在某饭店西餐厅的过道里，一位餐厅服务人员托着托盘准备将物品送到客人餐桌上，此时迎面走来一位客人，在这狭窄的过道里，二人相遇。服务员见此情况本能地想后退让客人先过，但发现退回过道口还有段距离。此时，服务人员采用侧身步，两肩一前一后，将胸部转向客人，给客人让出一条道，让客人先过，并向客人微笑问候。客人满意地通过了过道，服务人员也顺利地将物品送到了餐桌上。

作为饭店服务人员，在对客服务过程中经常会用到走姿，走姿是服务人员仪态中的重要内容之一，也会给客人留下深刻印象，反映酒店水准和人员风貌。服务人员在服务过程中经常会用到三种走姿：正方向行走、后退步行走、侧身步行走。在不同的对客服务场景下服务人员会选择不同的走姿，只有将其加以灵活运用才能为客人提供更优质的服务。那么，正确的走姿应如何展现呢？让我们带着这个问题一起学习走姿吧。

相关知识

行走是人的基本动作之一，最能体现出一个人的精神面貌。行走姿态的好坏可反映人的内心境界和文化素养的高低，能够展现出一个人的风度、风采和韵味。

一、走姿的基本要领

走姿是站姿的延续动作。行走时，除手和脚以外，必须保持站姿中其他要领。

走姿准备（图 1-19），上体正直，收腹挺胸，立腰。

两眼平视前方。步幅适中，两步的间距以自己一只脚的长度为宜。

图 1-19 走姿准备

出脚和落脚时，脚尖脚跟应与前进方向近乎一条直线，避免"内八字"步或"外八字"步。

两臂前后自然摆动，手臂与身体的夹角一般在 10 度 ~15 度，由大臂带动小臂摆动，肘关节只可微曲。

要求走姿轻盈而稳健，男士走姿展现阳刚之美，女士走姿显示阴柔之美。

二、走姿的基本种类

（一）正方向行走（图 1-20）

（1）根据自己的习惯迈脚，用胯部的力量带动腿朝前迈进。

（2）步位成一条直线。

（3）步幅大小适中。

（4）步速平稳。

（5）两手随身体自然摆动，摆动幅度为 30 度。

（6）两眼目视前方，面带微笑。

（二）后退步行走（图 1-21）

（1）适用于变向时的行走。

（2）向他人告辞时，应先向后退两三步，再转身离去。

（3）退步时，脚要轻擦地面，不可高抬小腿，后退的步幅要小。

（4）转体时要先转身体，头稍候再转。

（三）侧身步行走（图 1-22）

（1）适用于变向行走。

（2）当走在前面引导来宾时，应尽量走在宾客的左前方。

图 1-20 正方向行走

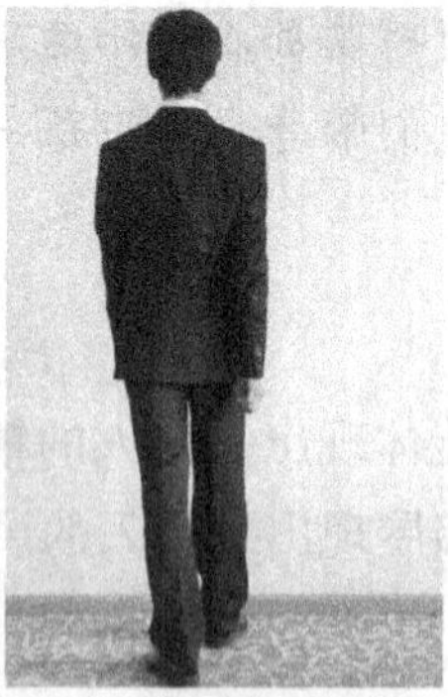

图 1-21 后退步行走

图 1-22 侧身步行走

（3）髋部朝向前行的方向，上身稍向右转体，左肩稍前，右肩稍后，侧身向着来宾，与来宾保持两三步的距离。

（4）当走在较窄的路面或楼道中与人相遇时，也要采用侧身步行走，两肩一前一后，并将胸部转向他人，不可将后背转向他人。

三、不良走姿（图 1–23）

方向不定，忽左忽右；体位失当，摇头、晃肩、扭臀；步幅过大；左顾右盼，重心后坐或前移；扭来扭去的“外八字”步和“内八字”步；与多人走路时，或勾肩搭背，或奔跑蹦跳，或大声喊叫等；双手反背于背后；双手插入裤袋。

图 1–23　不良走姿

延伸阅读

从走姿看性格

步履平稳型：这种人是现实主义者，精明而稳健，不轻信人言，重信义，守诺言，是可依赖的人。

步履急促型：不论有无急事，这类人总是来去匆匆，步伐明快而有节奏，他们的性格特点是遇事不推卸责任，精力充沛，喜欢迎接各种挑战。

上身微倾型：这些人大多个性平和内向，谦虚而含蓄，他们与人相处时，表面沉默寡言，但极重情谊。

昂首阔步型：这种人往往以自我为中心，对人有点淡漠，但思路敏捷，做事有条不紊，富有组织能力。

款款摇曳型：此类多为女性，坦诚热情，心地善良，在社交场合永远是中心人物，极受欢迎。

步履整齐、双手规则摆动型：这种人性格刚毅，意志坚强，具有较强的组织能力，但偏于独断专行。

任务评价

序号	评价项目	评价标准	评价结果			
			优	良	合格	不合格
1	正方向行走	根据自己的习惯迈脚，用胯部的力量带动腿朝前迈进；步位成一条直线；步幅大小合适；步速平稳；两臂随身体自然摆动，摆动幅度为 30 度；两眼目视前方，面带微笑				

续表

序号	评价项目	评价标准	评价结果			
			优	良	合格	不合格
2	后退步行走	先向后退两三步，再转身离去；退步时，脚要轻擦地面，不可高抬小腿，后退的步幅要小；转体时要先转身体，头稍候再转				
3	侧身步行走	走在宾客的左前方；髋部朝向前行的方向，上身稍向右转体，左肩稍前，右肩稍后，侧身向着来宾，与来宾保持两三步的距离；当走在较窄的路面或楼道中与人相遇时，也要采用侧身步，两肩一前一后，并将胸部转向他人，不可将后背转向他人				
4	手臂摆动	两臂前后自然摆动，手臂与身体的夹角一般在 10 度 ~15 度，由大臂带动小臂摆动，肘关节只可微曲				
5	步位步幅	步伐保持一致，不可忽慢忽快				
6	行走的稳定性	沿直线行走				

任务练习

一、实操练习

（1）学生在教师的指导下集体进行摆臂训练（图 1–24）。要求在原地练习摆臂，两臂前后自然摆动，手臂与身体的夹角为 10 度 ~15 度。

（2）学生在教师的指导下集体进行步位步幅训练（图 1–25）。要求步伐保持一致，不可忽慢忽快。

图 1–24　摆臂训练

图 1–25　步位步幅训练

（3）教师将学生分成小组进行行走稳定性训练。要求在地上画一条直线，脚尖朝前，沿直线行走。

（4）教师抽查。教师给出场景，每组派出学生代表将适用的走姿展现出来。

二、试题练习

1. 填空题

走姿有以下几种：__________、______________、__________。

2. 单项选择题

（1）下列走姿正确的是（　　）。

A. 目光注视左右　　B. 同行排成行

C. 手插在衣服口袋里　　D. 走路要用腰力

（2）在行走的过程中以肩关节为轴，双臂前后自然摆动，两手自然弯曲，摆幅以（　　）度为宜。

A. 20　　B. 30　　C. 40　　D. 50

3. 简答题

（1）正确的走姿有哪些要求？

（2）在什么情况下我们可以采用后退步行走，后退步的要求是什么？

任务4　蹲姿礼仪

任务目标

- 能根据蹲姿基本要求和要领，进行不同蹲姿的展示；
- 能体现蹲姿的规范及标准，蹲姿迅速、美观、大方。

任务安全与其他注意事项

- 身体状态良好，精神面貌饱满；
- 选择适合饭店职场岗位要求的服饰和鞋子。

任务导入

某饭店中餐厅里，一位值台员正在为客人上菜。此时客人的筷子掉到地上了，值台员上完菜，弯身帮客人捡掉到地上的筷子。值台员没有蹲下来，而是直接弯身下去，角度正好将臀部朝向了客人。由于值台员穿着套装，弯身去捡筷子时里面的内裤隐约可见。有的客人皱着眉头，有的客人窃笑，有位客人还善意提醒她要注意仪态。值台员这时也发现了问题所在，马上站起来，自己也感觉非常尴尬。

饭店员工的仪态直接体现了员工的综合素养，也反映了饭店对员工的具体要求，直接影响客人对饭店的综合印象。案例中的值台员在捡筷子时应采用交叉式蹲姿。交叉式蹲姿通常适用于女性，尤其是穿短裙的人员。除了交叉式蹲姿，还有高低式、半蹲式和半跪式。怎样做才能拥有迅速、美观、大方的蹲姿呢？让我们一起进入下面的学习吧。

相关知识

在日常生活中，人们对掉在地上的东西，一般是习惯弯腰或蹲下将其捡起，而身为饭店从业人员，对掉在地上的东西也像普通人一样采用随意弯腰蹲下捡起的姿势是不合适的。

一、蹲姿的基本要领

保持正确的蹲姿需要注意三个要点：迅速、美观、大方。若用右手捡东西，可以先走到物品的左边，右脚向后退半步后再蹲下来，下蹲时不能速度过快。脊背保持挺直，臀部一定要蹲下来，避免弯腰翘臀的姿势；男士两腿间可留有适当的缝隙，女士则要两腿并紧，穿旗袍或短裙时需更加留意，以免尴尬。

二、蹲姿的基本种类

（一）高低式蹲姿（图 1–26）

男性在选用这一蹲姿时往往更为方便，女士也可选用这种蹲姿。这种蹲姿的要求是：下蹲时，双腿不并排在一起，而是左脚在前，右脚稍后。左脚应完全着地，小腿基本上垂直于地面；右脚则应脚掌着地，脚跟提起。此刻右膝低于左膝，右膝内侧可靠于左小腿的内侧，形成左膝高、右膝低的姿态。臀部向下，基本上用右腿支撑身体。

（二）交叉式蹲姿（图 1–27）

在实际生活中常常会用到蹲姿，如集体合影前排需要蹲下时，女士可采用交叉式蹲姿，下蹲时一脚在前，一脚在后，一小腿垂直于地面，全脚着地。一膝由后面伸向另一侧，一脚跟抬起，脚掌着地。两腿并紧，合力支撑身体。臀部向下，上身稍前倾。

图 1–26　高低式蹲姿

图 1–27　交叉式蹲姿

（三）半蹲式蹲姿（图 1–28）

一般是在行走时临时采用。它的正式程度不及前两种蹲姿，但在需要应急时也会采用。

身体半立半蹲，要求在下蹲时，上身稍许弯下，但不要和下肢构成直角或锐角；臀部务必向下，而不是撅起；双膝略为弯曲，角度一般为钝角；身体的重心应放在一条腿上；两腿之间不要分开过大。

（四）半跪式蹲姿（图 1–29）

又叫作单跪式蹲姿，也是一种非正式蹲姿，多用在下蹲时间较长或为了用力方便时。

双腿一蹲一跪，要求在下蹲后，改为一腿单膝点地，臀部坐在脚跟上，以脚尖着地。另外一条腿，应当全脚着地，小腿垂直于地面。双膝应同时向外，双腿应尽力靠拢。

图 1–28　半蹲式蹲姿

图 1–29　半跪式蹲姿

三、不良蹲姿（图 1–30）

弯腰捡拾物品时，两腿叉开，臀部向后撅起，是不雅观的姿态；两腿展开平衡下蹲，其姿态也不优雅。下蹲时注意内衣“不可以露，不可以透”。

图 1–30　不良蹲姿

延伸阅读

可以提高健康水平的四种蹲姿练习

在日常生活中，经常坐着容易造成心肺功能及体力下降。以下四种蹲姿的练习，每次可以只做一个动作，也可连起来做，并且不受时间和空间的约束。通过练习可以增大胸腔和肺的活动范围，从而提高自身的健康水平。

1. 实蹲

实蹲之一太极蹲，是双脚尖并拢，双脚跟紧靠在一起，然后双膝弯曲、大腿腿腹与小腿腿腹紧贴在一起，以至经络穴位重叠、互相挤压的程度，可起到推拿、按摩的效果。每次练习时间1~3分钟。

2. 跟蹲

跟蹲时脚跟落地，同时足弓部分也可以着地，前脚掌悬空，即脚底的后2/3部分接触地面。由于前脚掌悬空，身体重心向后偏移，掌握不好，容易向后倒，因此初次练习时要注意安全，时间控制在30~60秒即可。

3. 踮蹲

踮蹲与跟蹲正好相反，即练习者两只脚的前脚掌着地，脚后跟抬起离开地面。双膝弯曲，躯干下沉，大腿紧紧压在小腿上。踮蹲有一定的难度，初次练习时不要太勉强，时间控制在30秒到1分钟即可。

4. 借物蹲

练习者用自己的背部、腰髋部倚靠在墙上，或是手握栏杆借以分担身体的重量，使下蹲训练变得容易进行，从而蹲得深，蹲得久。练习时间可以从开始的1分钟逐渐延长到5分钟。

任务评价

序号	评价项目	评价标准	评价结果			
			优	良	合格	不合格
1	选位站立	按照站姿要求站立				
2	下蹲	下蹲时一定不要有弯腰、臀部向后撅起的动作；男士两腿间可留适当的缝隙，女士则要两腿并紧				
3	高低式蹲姿	下蹲时，双腿不并排在一起，而是左脚在前，右脚稍后。左脚应完全着地，小腿基本上垂直于地面；右脚则应脚掌着地，脚跟提起				

续表

序号	评价项目	评价标准	评价结果			
			优	良	合格	不合格
4	交叉式蹲姿	下蹲时一脚在前，一脚在后，一小腿垂直于地面，全脚着地。一膝由后面伸向另一侧，一脚跟抬起，脚掌着地。两腿并紧，臀部向下，上身稍向前倾				
5	半蹲式蹲姿	上身稍许弯下，但不要和下肢构成直角或锐角				
6	半跪式蹲姿	下蹲后，改为一腿单膝点地，臀部坐在脚跟上，以脚尖着地。另外一条腿应当全脚着地，小腿垂直于地面				
7	起身站立	起身站立要轻缓、稳重				

任务练习

一、实操练习

学生集体进行不同种类的下蹲、起立训练。教师加以辅助和督促。

学生分组进行蹲姿练习。

二、试题练习

1. 填空题

（1）保持正确的蹲姿需要注意三个要点：________、________、________。

（2）下蹲时，注意内衣__________。

（3）男性在选用__________蹲姿时往往更为方便，女士也可选用这种蹲姿。

（4）__________蹲姿通常适用于女性，尤其是穿短裙的人员。

2. 简答题

（1）半蹲式蹲姿一般在什么情形下使用，它的要领有哪些？

（2）在使用蹲姿时应注意哪些问题？

任务5 手势礼仪

任务目标

- 能够在服务情境中按照饭店服务人员手势礼仪的规范恰当运用手势；
- 能体现手势的规范、标准，手势优美、尊重他人。

任务安全与其他注意事项

- 训练有组织有纪律；
- 选择适合饭店职场岗位要求的服饰和鞋子。

任务导入

饭店咨询处的接待人员小红是刚来不久的新员工。某日华灯初上，前来住宿和用餐的客人陆续来到饭店。一位客人前来询问饭店的中餐厅在哪里，小红用食指往中餐厅的方向指了指，此时估计她已经忘记在参加新人培训时主管部门的培训要求了。这时另一位客人又前来询问中餐厅的位置，小红说："你跟着前面那个人走就好了。"小红的应对被她的领班小橙看在眼里，她决定前去纠正小红这些不正确的行为。如果你是小红，你应该如何做好这个工作呢？如果你是小橙，你会如何指出小红的错误？

相关知识

手势是运用手部的动作来表达的一种无声的语言，是手部极其复杂的动作符号。在饭店服务工作中恰当地运用手势可以增强语言的感情表达效果，起到促进对客沟通的作用，也会使自己的形象气质更加突出。手势的运用应该自然得体、简明扼要、幅度适宜、和谐统一。

一、手势基本种类

主要包括基本手势、直臂式手势、横摆式手势、前摆式手势、双臂横摆式手势、斜摆式手势、其他手势。

二、手势基本要领

（一）基本手势

（1）规范手势应当是手掌自然伸直，掌心向内或向上，手指并拢，拇指自然稍稍分开。

（2）手腕伸直，使手与小臂成一直线，手大小臂的弯曲以 140 度为宜，手掌与地面基本形成 45 度。

（3）在做手势时，要讲究柔美、流畅，避免僵硬死板。同时，要配合眼神、表情和其他姿态，使手势更显协调大方。

（二）直臂式手势（图 1-31）

（1）引导手势：指路手势，为客人指示行进方向。

（2）轻声说“您请”。将左手或右手提至齐胸高度，手指并拢，掌心向上，朝欲指示的方向伸出前臂。

（3）上体微前倾，面带微笑，身体侧向来宾，眼睛看着所指目标方向，并兼顾来宾。

（三）横摆式手势（图 1-32）

（1）“请进”手势：手指并拢，拇指自然稍稍分开，手掌与地面基本形成 45 度。手腕伸直，使手与小臂成一直线，手大小臂的弯曲以 140 度为宜。

（2）应以肘关节为轴，上臂带动前臂，由体侧自下而上将手臂抬起，到腰部并与身体正面成 45 度时停止。

（3）头部和上身微向伸出手的一侧倾斜，另一只手下垂或背在背后。

（四）前摆式手势（图 1-33）

“请”的手势：掌心向上，手臂由体侧向体前方自下而上地抬起，当上臂抬至与身体 45 度夹角时，手臂摆到手与身体相距 20 厘米处停住。

图 1-31 直臂式手势

图 1-32 横摆式手势

图 1-33 前摆式手势

（五）双臂横摆式手势（图 1–34、图 1–35）

（1）“诸位请”的手势：“请”可以动作大一些。两臂从身体两侧向前上方抬起，两肘微曲，向两侧摆出。

（2）指向前进方向一侧的手臂应抬高一些，伸直一些，另一手臂稍低一些，弯曲一些。

（六）斜摆式手势（图 1–36）

“请坐”手势：用双手扶椅背将椅子拉出，然后左手或右手屈臂由前抬起，以肘关节为轴，前臂由上向下摆动，使手臂向下成一斜线，表示请来宾入座。注意动作协调、低位手势与中位手势的区别。

图 1–34 双臂横摆式手势（1）

图 1–35 双臂横摆式手势（2）

图 1–36 斜摆式手势

（七）其他手势

（1）递物、接物手势：双手为宜，主动上前递于手中，应方便接拿，尖角及刀刃向内，正面朝上。

（2）介绍手势（图 1–37）：手心朝上，手背朝下，四指并拢，拇指张开，手掌基本上抬至肩的高度，并指向被介绍的一方。为他人做介绍时，手势动作应文雅。正式场合，不可以用手指点或拍打被介绍一方的肩和背。

图 1–37 介绍手势

（3）鼓掌手势：鼓掌时，用右手掌轻击左手掌，表示喝彩或欢迎。鼓掌时不得随意胡乱击掌。

（4）道别手势（图 1–38）：挥手道别时，身体站直，目视对方，手臂前伸，掌心向外，左右挥动。挥动不宜过快。

图 1–38　道别手势

延伸阅读

手势的不同含义

1. 招手动作

在中国，手掌向下挥动主要是招呼别人过来；在美国招呼人的手势，是伸出食指（手掌朝着自己的脸），将该食指向内屈伸；不过这两种示意召唤的手势在世界的其他地区都可能被误解。在欧洲各地，要表示“到这儿来”的手势是举臂，手掌向下，然后将手指作挠痒状。至于屈伸食指这个手势，在澳大利亚和印度尼西亚等地，只用来召唤动物的，从不用来召唤人。

2. 竖起大拇指

一般都表示顺利或夸奖别人。但也有很多例外，在美国和欧洲部分地区，表示要搭车，在德国表示数字“1”，在日本表示“5”，在澳大利亚则表示骂人。

3. OK 手势

拇指、食指相接成环形，其余三指伸直，掌心向外。OK 手势源于美国，在美国表示“同意”“顺利”“很好”的意思；而法国表示“零”或“毫无价值”；在日本表示“钱”；在泰国表示“没问题”；在巴西表示粗俗下流。

4. V 字形手势

这种手势是“二战”时的英国首相丘吉尔首先使用的，遂传遍世界，是表示“胜利”的意思。如果掌心向内，就变成骂人的手势了。

5. 举手致意

也叫挥手致意。用来向他人表示问候、致敬、感谢。当你看见熟悉的人，又无暇分身的时候，就举手致意，可以立即消除对方的被冷落感。要掌心向外，面对对方，指尖朝向上方。千万不要忘记伸开手掌。

6. 与人握手

在见面之初、告别之际、慰问他人、表示感激、略表歉意等时候，往往会以手和他人相握。一是要注意先后顺序。握手时，双方伸手的原则是“尊者在先”。即地位高者先伸手，地位低者后伸手。如果是服务人员通常不要主动伸手和服务对象相握。和人握手时，一般握上 3 到 5 秒钟就可以了。通常，应该用右手和人相握。左手不宜使用，双手相握也不必常用。

7. 摆弄手指

反复摆弄自己的手指，要么活动关节弄出响声，要么攥着拳头，或是手指动来动去，往往会给人一种无聊的感觉，让人难以接受。

8. 手插口袋

在工作中，通常不允许把一只手或双手插在口袋里。这种表现，会让人觉得你在工作上不尽力，忙里偷闲。

任务评价

序号	评价项目	评价标准	评价结果			
			优	良	合格	不合格
1	基本手势	手大小臂的弯曲以 140 度为宜，手掌与地面基本形成 45 度				
2	直臂式手势	引导手势要点				
3	横摆式手势	中位手势“请进”手势要点				
4	前摆式手势	“请”的手势要点				
5	双臂横摆式手势	“诸位请”的手势要点				
6	斜摆式手势	低位手势“请坐”手势要点				
7	递物、接物手势	双手递于手中，正面朝上				
8	介绍手势	手心朝上，手背朝下，四指并拢，拇指张开；手掌基本上抬至肩的高度				
9	鼓掌手势	右手掌轻击左手掌				
10	道别手势	身体站直，目视对方，手臂前伸，掌心向外，左右挥动				

任务练习

一、实操练习

组织学生扮演饭店服务人员和客人，将手势礼仪运用到服务中去，意识到手势礼仪的重要性和必要性。

组织学生重现任务导入中的案例情境，让学生思考如何补救案例中的错误。

学生两人一组，进行手势运用训练。由实训指导教师对实训过程是否规范进行把关。

实训后每组参与任务评价，写出实训小结。

二、试题练习

1. 填空题

（1）前摆式手势之“请”的手势：掌心向上，手臂由体侧向体前方自下而上地抬起，当上臂抬至与身体 ________ 度夹角时，手臂摆到手与身体相距 ________ 厘米处停住。

（2）中位手势横摆式是 ________ 的手势。

2. 选择题

（1）基本手势是：手腕伸直，使手与小臂成一直线，手大小臂的弯曲以（　　）为宜，手掌与地面基本形成 45 度。

A. 100 度　　B. 120 度　　C. 140 度

（2）为客人引路可采用（　　）手势。

A. 直臂式　　B. 横摆式　　C. 双臂横摆

3. 判断题

（1）低位手势斜摆式可以用于表示“里面请”。（　　）

（2）当面对较多的来宾表示“请”时采用双臂横摆式手势。（　　）

任务 6　表情礼仪

任务目标

- 能够在服务情境中按照饭店服务人员表情礼仪的规范恰当表达感情；
- 能体现表情礼仪的规范及标准，表情亲切、尊重他人。

任务安全与其他注意事项

- 训练有组织有纪律；
- 选择符合饭店职场岗位要求的服饰和鞋子。

任务导入

某日华灯初上，金花大饭店的餐厅里客人满座，一位服务员跑去向餐厅经理汇报，说客人投诉有盘海鲜菜中的蛤蜊不新鲜，吃起来有异味。这位餐厅经理自信颇有处理问题的本领和经验。于是不慌不忙地向投诉客人的那桌走去。一看，那不是熟主顾老食客张经理嘛！于是迎上前去一阵寒暄："张经理，今天是什么风把您给吹来了，听服务员说您觉得蛤蜊不大对胃口……"这时张经理打断他说："并非不对胃口，而是我请来的香港客人尝了蛤蜊后马上讲这道菜千万不能吃，有异味，变了质的海鲜，吃了非吃出毛病不可！"餐厅经理接着面带微笑，向张经理解释，蛤蜊不是鲜货，虽然味道有些不纯正，但吃了不会要紧的，希望他和其余客人谅解包涵。不料此时，在座的那位香港客人突然站起来，生气地大骂，意思是，你还笑得出来，我们拉肚子怎么办？餐厅经理一下子怔住了！他脸上的微笑一下子变成了哭笑不得。到了这步田地，他揣摩着如何下台阶，他在想，总不能让客人误会刚才我面带微笑的用意吧，又何况微笑服务是饭店服务人员应该首先做到的。于是他仍旧微笑着准备再进行一些解释。不料，这次的微笑更加惹起了那位香港客人的怒火，甚至露出了想动手的架势，幸亏张经理及时拉拉餐厅经理的衣角，示意他赶快离开现场，否则简直难以收场了。读了这个案例，你从中得到了什么启示？

相关知识

表情是人的面部情态，是眼睛、鼻子、眉毛、嘴巴、面部肌肉运动所反映出的心理活动和情感信息。人的表情是复杂多样的，是能够传达出丰富情感信息的。表情所传达的无声的情感比任何生动的语言更加微妙，恰当的表情会给你的仪态表达加分。

一、表情礼仪基本内容

主要包括表情概述、目光礼仪、微笑礼仪。

二、表情概述、种类及要领

（一）表情概述

表情，即面部表情，是指眼睛、嘴巴、鼻子、面部肌肉以及它们的综合运用所反映出的心理活动和情感信息。在饭店服务工作中保持良好的表情可传达正确的感情信息。

感情的表达=7%言语+38%语音+55%表情。可见，表情是人们内心世界的直接流露，是内心世界变化的外在体现。

构成表情的主要因素：目光和微笑。因为眼睛是心灵的窗户。而微笑是人际交往的通行证。

（二）目光礼仪

1. 目光注视时间

相互注视的时间最好占交往时间的 30%~60%，连续注视对方时间以 1~2 秒为宜。

（1）表示轻视：目光游离，目光接触的时间不到相处时间的三分之一。

（2）表示敌意：目光始终注视对方，时间超过相处时间的三分之二。

2. 目光注视部位：三个三角区

（1）公务凝视区域（图 1–39）：以两眼为底线、额中为顶角形成的三角区。

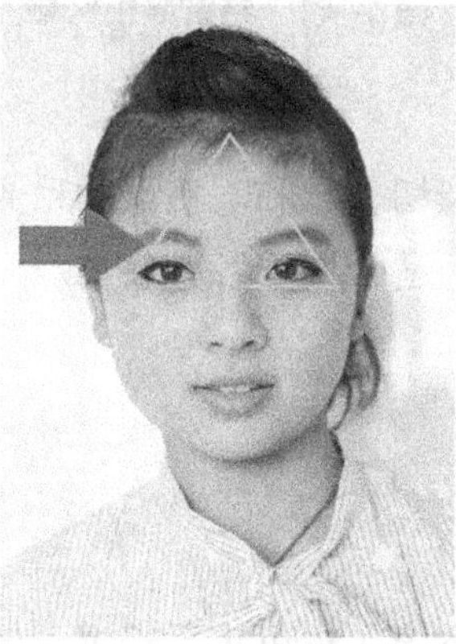

图 1–39　公务凝视区域

（2）社交凝视区域（图 1–40）：以两眼为上线、唇心为下顶角所形成的倒三角区。

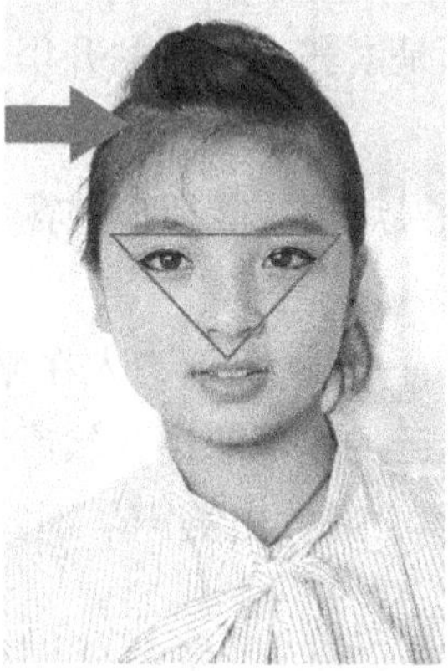

图 1–40　社交凝视区域

（3）亲密凝视区域（图 1–41）：通常在亲人间和恋人间使用，从双眼到胸部之间。

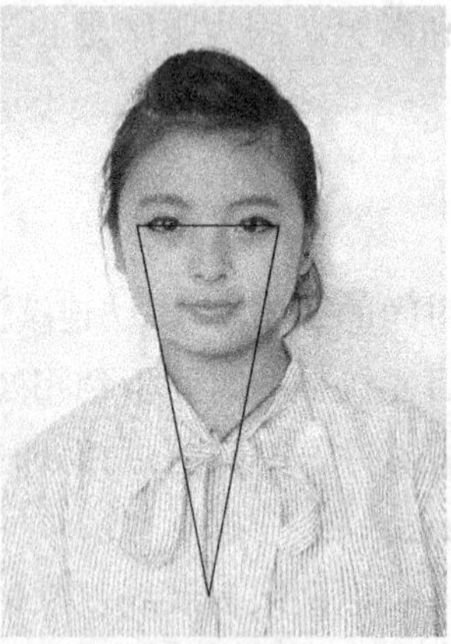

图 1-41　亲密凝视区域

3. 目光注视角度

正确的目光：平视、友好、亲切、宁和。错误的目光：盯视、瞟、瞥、斜视、眯眼。

（1）平视：表示认真、尊重，适合用于各种表情。

（2）侧视：表示轻蔑。

（3）眯视：表示敌意，不敬。

（4）凝视：表示专注、恭敬。

（5）仰视：表示崇拜。

（6）俯视：可表示对晚辈的宽容，也可表示轻视、傲慢，有强烈的权威感和优越感。

（三）微笑礼仪

1. 微笑的作用

微笑是两个人之间最短的距离。因为微笑表现出真诚友善，使人在交往中放松，缩短心理的距离。微笑是自信的表现，是素养和人格的升华，在服务工作中保持微笑，说明对服务工作抱有热爱之情。

微笑有益健康、缩短距离，显得热情，能招揽顾客、缓和气氛。

2. 微笑的主要特征

面含笑意，但笑容不甚显著。一般情况下，人在微笑之时，是不闻其声，不见其牙的。微笑的基本方法是：先放松自己的面部肌肉，然后使自己的嘴角微微向上翘起，让嘴唇略显弧形，最后，在不牵动鼻子、不发出笑声、不露出牙齿尤其是不露出牙龈的前提下，轻轻一笑。

3. 微笑的种类和技巧

美丽和魅力的要素就是微笑。

（1）含笑：不出声、不露齿。

（2）微笑：唇部向上移动，呈弧形；表示自信、乐观、友好。

（3）轻笑：露上齿（6~8 颗牙齿）。

（4）浅笑：抿嘴笑。

4. 微笑与表情

要注意别皮笑肉不笑。要发自内心地微笑，表情自然。

（1）微笑时嘴角上翘：微笑从嘴角开始，人的本能视线最先关注到的是有动感的嘴角。笑容的基本形态就是嘴角向上。

（2）眼中含笑：不说话眼睛也会笑。

延伸阅读

面部其他部位的表情

在人际交往中，人的眉毛、嘴巴、下巴、鼻子都可以独立地显示其表情。

眉毛。以眉的形状变化所显示的表情，一般叫作眉语。除配合眼神外，眉语往往独自表意。常见的有以下 3 种。

（1）皱眉型。它多表示困窘或不赞成、不愉快。

（2）耸眉型。即努力使眉峰高耸，多表示恐惧、惊讶或欣喜。

（3）挑眉型。即将单眉上挑，常用于表示询问。

嘴巴。除显示笑容外，嘴巴也可以表示心理状态，它主要以嘴唇的闭合、嘴角的动向来体现。常见的有以下 5 种。

（1）张嘴。即嘴巴大开，表示惊讶、恐惧。

（2）咬嘴。即咬紧嘴唇，表示自省或自嘲。

（3）抿嘴。即含住嘴唇，表示努力或坚持。

（4）噘嘴。即翘起嘴巴，表示生气或不满。

（5）撇嘴。即嘴角一撇，表示鄙夷或轻视。

下巴。常见的有以下 4 种。

（1）收起下巴，多表示隐忍。

（2）缩紧下巴，多表示驯服。

（3）突出下巴，多表示攻击。

（4）下巴指人，多表示骄横。

鼻子。常见的有以下 4 种。

（1）缩鼻。多表示拒绝或厌弃。

（2）皱鼻。多表示好奇或吃惊。

（3）摸鼻。多表示亲切或重视。

（4）抬鼻。多表示轻视或歧视。

任务评价

序号	评价项目	评价标准	评价结果			
			优	良	合格	不合格
1	表情概述	感情的表达 =7% 言语 +38% 语音 +55% 表情。构成表情的主要要素：目光、微笑				
2	目光注视时间	相互注视的时间最好占交往时间的 30%~60%，连续注视对方时间以 1~2 秒为宜				
3	目光注视部位	在适合的场合，对不同关系的人要注视对方不同的部位				
4	目光注视角度	正确的目光：平视、友好、亲切、宁和				
5	微笑的作用	使人在交往中放松，缩短心理距离				
6	微笑的种类	在饭店服务中常用含笑、微笑、轻笑、浅笑				
7	微笑与表情	注意别皮笑肉不笑。要发自内心地微笑，表情自然，眼睛含笑				
8	微笑技巧	要不出声笑，避免露出牙龈。肌肉放松，嘴角向上微微提起，面含笑意				

任务练习

实操练习

（1）训练眼睛的“笑容”。用纸遮住眼睛下面的部位，对着镜子微笑。

（2）微笑训练（图 1–42）：用嘴含住一根筷子进行训练，口里可念“一”“田七”。

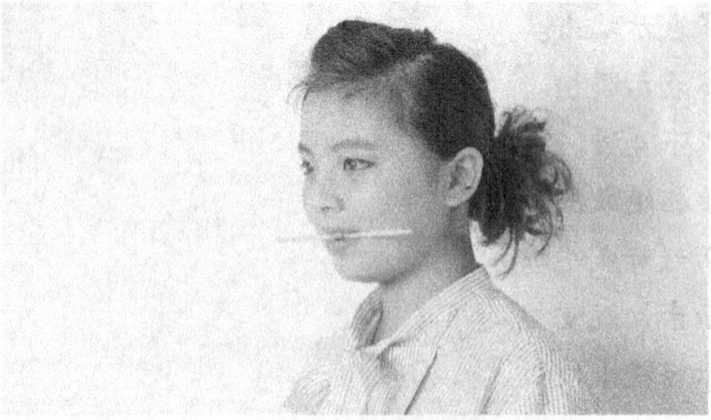

图 1–42　微笑训练

（3）两人一组进行对照训练（图 1–43、图 1–44），请同伴帮助矫正。

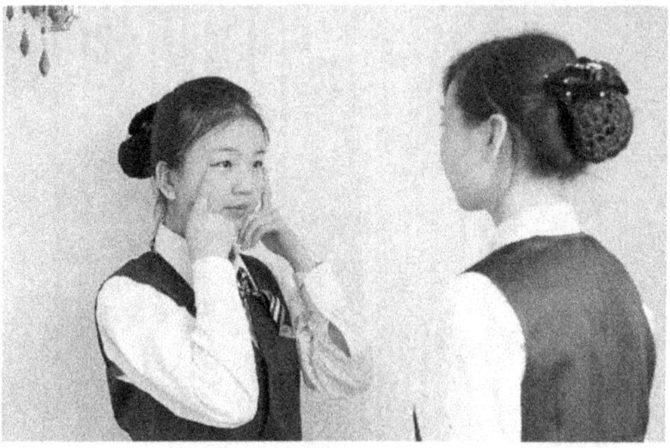

图 1–43　对照训练（1）

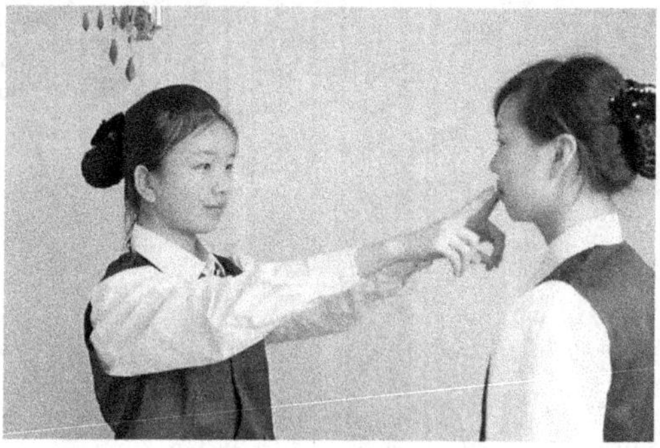

图 1–44　对照训练（2）

（4）由实训指导教师对实训过程是否规范把关。

（5）实训后每组参与任务评价，写出实训小结。

模块二
试题练习答案

模块二

饭店服务语言礼仪

语言在饭店服务中起着非常重要的作用，直接关系到饭店的服务质量，是饭店服务质量的核心，是饭店赢得客源的重要因素。饭店业从业人员应依据饭店服务从业要求，在礼仪方面重塑自我。本模块包括饭店职场语言礼仪、饭店电话语言礼仪和饭店书面语言礼仪三个任务。相信通过学习与运用本模块内容，可以帮助饭店服务人员提升语言服务能力，体现饭店服务人员的高职业素养。

任务导读

- 模块二 饭店服务语言礼仪
  - 项目一 饭店职场语言礼仪
    - 任务 饭店常用规范服务语言
  - 项目二 饭店电话语言礼仪
    - 任务1 电话服务礼仪
    - 任务2 接听电话礼仪
    - 任务3 转接电话礼仪
    - 任务4 电话留言礼仪
    - 任务5 拨打电话礼仪
  - 项目三 饭店书面语言礼仪
    - 任务1 公务信函礼仪
    - 任务2 电子邮件礼仪

项目一 饭店职场语言礼仪

项目描述

语言是饭店同客人沟通的桥梁，饭店为客人提供的服务自始至终都离不开语言。饭店服务态度的好坏，职业道德水平的高低，都是从饭店员工的语言中体现出来的。饭店的每个员工都必须注意语言技巧。恰当的措辞，能够提高客人的满意度，形成好的口碑，增强饭店的美誉度。通过本项目的学习，掌握饭店职场语言，可以让客人有宾至如归之感，给客人创造一个文明、轻松、活泼、自然、友好的对客服务氛围。

学习目标

1. 能正确描述饭店服务语言礼仪的特点、要求和原则；
2. 能掌握饭店服务语言及与人沟通的技巧；
3. 了解使用饭店服务语言的注意事项。

任务 饭店常用规范服务语言

任务目标

- 能结合饭店服务语言技巧做好对客服务；
- 能体现饭店服务语言的规范及标准。

任务安全与其他注意事项

- 身体状态良好，精神面貌饱满；
- 面带微笑，多说礼貌用语。

任务导入

现在，许多饭店员工只是如同一台不会思考的说话机器。他们的行为像受程序控制，只把上级主管输入的信息向人们显示出来，比如千篇一律的礼貌用语。

一位客人，散步出门时，服务员问了一声“先生，您好”；散步回来时，服务员又问了一声“先生，您好”；上电梯时，服务员问了第三声“先生，您好”。在餐厅吃饭，不到一个小时的时间，服务员连续说了20多声“对不起”：递毛巾时说“对不起”；上烟缸时说“对不起”；倒茶时还说“对不起”。客人实在觉得不舒服，跟了一句，“你什么时候能做一点‘对得起’我的事情来？”刻板的语言、缺少情感、千人一面，让客人心里很不舒服。那么规范、标准的饭店服务语言应该注意哪些呢？

相关知识

一、饭店服务语言礼仪的特点和类型

（一）特点

（1）情感性。饭店语言在词语的运用、语音语调的高低、体态语的不同表达上都具备浓郁的情感色彩。

（2）语境化。是指语言的运用要适合语言表达时所处的具体环境。

（3）繁简适当。根据不同的语境、目的和客人的不同需要，当简则简，当繁则繁。

（二）饭店服务语言礼仪的类型

包括口头语言礼仪、书面语言礼仪、体态语言礼仪三个类型。

二、饭店服务语言的要求及原则

（一）饭店服务人员语言的基本要求

饭店语言礼仪的要求大致可用六个字来概括，即信、达、雅、清、柔、亮。

“信”是讲真话，真诚有礼，以诚相待。

“达”是指用词准确，说话要文雅谦和、不含糊、不啰唆。

“雅”要求用词文明，说话要用尊称，给人以谦恭、有教养的感觉。

“清”“柔”“亮”是对语言声音色彩的要求，要求吐字清楚，语气柔和，语音欢快、动听。

（二）饭店服务语言的基本原则

情感性原则、规范性原则、主动性原则、针对性原则、诚实性原则、礼貌性原则。

三、饭店常用服务语言及使用技巧

（一）饭店基本服务礼貌用语

1. 称呼语

（1）泛尊称，如先生、小姐、夫人、太太等。

（2）职业加泛尊称，如教授先生、秘书小姐等。

（3）姓氏加职务职称等，如张主席、李经理。

2. 问候语

（1）标准式问候语。在称呼语后加“好”，如“您好”“各位好”“诸位女士好”等。

（2）时效式问候语。结合时间、时令进行问候，如“早上好”“晚安”等。

3. 迎送语

（1）欢迎语。用来迎客，如“欢迎光临”“见到您很高兴”“欢迎来本饭店”等。

（2）送别语。用于送别客人，如“再见”“走好”“欢迎再来”“欢迎再次光临”等。

4. 请托语

（1）标准式请托语。主要用“请”，如“请到二楼西餐厅用餐”“请大家跟我来”“请稍等”等。

（2）求助式请托语。常用的如“打扰”“帮帮忙”“请多关照”等。

（3）组合式请托语。如“麻烦您让一让”“打扰了，麻烦您在这里签个字”等。

5. 征询语

（1）主动式。用于主动为客服务，如“您还需要什么”“我能为您做些什么吗”等。

（2）封闭式。多用于询问客人意见，如“您要不先试试”“您觉得这个房间还满意吗？”“您喜欢这个菜肴吗？”

（3）开放式。是提供选择的征询，如“您是打算预订豪华包间、雅座还是散座”“您是想住单人间还是双人间”等。

6. 应答语

（1）肯定式。如“好”“好的”“是的”“很高兴为您服务”等。

（2）谦恭式。用来回答客人的赞扬、感谢、认同、满意，如“您过奖了”“请不必客气，这是我们应该做的”“谢谢您的夸奖，我一定会更加努力”等。

（3）谅解式。用于回应客人因故对自己表达的歉意，如“没关系”“不要紧”等。

7. 致谢语

（1）标准式。如“谢谢您”“太好了，谢谢您”等。

（2）加强式。用于强化谢意，如“非常感谢”“太谢谢您了”等。

（3）具体式。就具体事情道谢，如“这次让您费心了”“给您添麻烦了”等。

8. 赞赏语

（1）回应式。用于回应客人的赞赏，如“哪里，我做得还不够好”“得到您的夸奖我真开心”等。

（2）认可式。用于回应客人的意见和建议，如“是的，您的观点非常正确”“您真是行家”等。

（3）评价式。用于给客人正面评价，如“太好了”“您真是非常有品位”等。

9. 祝贺语

（1）应酬式。如“祝您身体健康”“祝您心想事成”等。

（2）节庆式。如“五一节快乐”“生日快乐”等。

10. 致歉语

如“对不起”“抱歉”“请您见谅”“这是我们工作的疏忽”“万分抱歉”“下次一定注意”等。

（二）饭店服务语言使用技巧

1. 饭店语言声音表达技巧

要注意语音音量的控制，音量适中，音高适当，语气适宜，语速适中。

语音音量适度。音量过大让客人感觉说话大嗓门、太吵，过小则让客人听不清楚或听不见；语音适中则不高不低、不快不慢、不急不缓；语气柔和、适度、不刺耳；语速适中；语调平和。

小练习：感受语音语调语速。分别根据以下五种要求讲同一句话——“欢迎光临”。

➢ 平淡语调。

➢ 高声拉长音。

➢ 太快。

➢ 缓慢低沉。

➢ 亲切。

2. 饭店语言使用技巧

饭店语言使用技巧应该包括乐观、温和、舒服、通情达理、清楚、直接、自然。

（1）慎用否定语，多用肯定语。在服务过程中，尽量避免使用否定句。

小练习：请把下面几句否定语转换为肯定语，感受一下客人更容易接受哪种说法。

➢“不要来了，已经关店了。”（快打烊的餐厅）

➢“不可以，那个位置已经被预订了。”（客人准备坐靠窗的位子）

➢“不能抽烟，这是禁烟区。”（客人准备抽烟时）

（2）善于与客人谈话

同一个服务员，在不同的时间，随着心情的不同，服务语言表达出来的效果也会不一样。

小练习：比较下面几种不同表达方式的服务语言，感受一下客人更容易接受哪种说法。

➢“欢迎光临，里面请。”“先生您好，给您上菜”。（没有精神，缺少热情）

➢“感谢几位的光临，外面天冷了，小心着凉。”“先生，您好，里面请！”（充满热情）

➢“服务员送餐。”“先生，你好”。（机械的、疏远）

（3）学会赞赏客人

善于赞美客人。赞美忌讳不真诚。赞扬的原则：具体、真实可信。

小练习：学生两人一组，假设对方具有以下各种特点，互相赞扬对方。

➢身体健康、硬朗，您走路我都跟不上。（老年人）

➢时尚、有气质、精力充沛。（青年人）

➢事业有成、有魅力、稳重、成熟。（中年人）

➢可爱、聪明、乖巧、水灵、机灵。（小孩）

（4）善用不同方式询问

常用的询问方式有两种，第一种是开放式；第二种是封闭式。开放式问题，用于了解客人的需要，比如客人想吃什么；封闭式问题，用来确认和促成客人的需求，如确认他最终点的是什么。概括来说，了解需求使用开放式的问句，促成确认则用封闭式问句。例如“请问您想吃点儿什么？”属于开放式问题；“您觉得吃这道菜可以吗？”属于封闭式问题。

小练习：请分别用开放式和封闭式问题询问客人要点的饮料。

（5）善于询问客人

通过向客人提问，去发现客人的偏好类型，从而判断客人喜好。例如，“您可以吃辣的吗？”“您喜欢什么口味呢？”“今天外面很热，给您拿点冰饮吧？”

小练习：请写出几句询问客人需要的话。

（6）善用正反表达

最后说出的话会给对方留下很深的印象，谈事物的正反两面时，将正面表达放在后面。

小练习：

➢这块蛋糕热量低，但价格稍微有点高。（强调价格高）

➢这块蛋糕价格稍高些，不过热量低。（强调热量低）

➢如果点这个菜，虽然会等一段时间，但是味道很不错。（强调味道）

➢如果点这个菜，虽然味道很不错，但是会等一段时间。（强调等候）

（7）学会认同客人

与客人交谈时，如果一开始就否定对方，会让客人失去听的兴趣。应该首先肯定对方说的，然后诱导对方转向自己的观点。

小练习：

➢客人：“这道菜真慢啊！”

服务员：“是的，确实慢了点，但是为了保证质量和味道，它需要一些时间，但口味一定能让您满意的。”

➢ 客人："你们的菜怎么这么贵啊？"

服务员："是的，这道菜是不便宜，可这是时令菜，只有这个季节有。"

四、使用饭店服务语言的注意事项

（1）服务语言运用时应谦虚、诚恳。

（2）服务语言的运用要规范。

（3）服务语言要机智、灵活，富有幽默感。

（4）服务时，说话声音要适中，语音要清晰。

（5）服务中，要恰当地把握说话时机，通常情况下应本着"话宜少不宜多"的原则。

（6）服务中运用赞美的语言。

（7）使用普通话，若客人有特殊要求可以使用方言。

（8）在饭店职场服务语言中，各服务程序的语言要求如下：

①宾客来店有欢迎声；

②宾客离店有道别声；

③客人帮忙或表扬时，有致谢声；

④客人欠安或者遇见客人的时候，有问候声；

⑤服务不周有道歉声；

⑥服务之前有提醒声；

⑦客人呼唤时有回应声；

⑧忌四语：蔑视语、烦躁语、否定语、顶撞语。

延伸阅读

一、无声语言沟通

在饭店服务交往中，不仅依靠有声语言、书面语言来传递所要表达的思想与感情，而且需要结合无声语言（表情、手势）进行沟通。通过这三种语言来为客人服务，才能做到最好，使客人满意我们的服务。

（1）表情语。它是一种来自面部的表情交流方式。它是一种无声语言，但沟通时比有声语言更富有感情色彩与表现力，在传达信息方面起着重要作用。如：在为客人服务时我们要注意我们的表情，要面带微笑。

（2）手势语。说话时配以适当的手势。在侃侃而谈时，加上富有感染力和说服力的手势，可以渲染气氛，同时也能吸引听话人的注意力，更能使语言有声有色，增强有声语言的表现力。有时在某种情况下手势也能体现人们内心的思想活动和对待他人的态度，热情和勉强在手势上可以明显地反映出来。在服务行业中，有时无声语言沟通亦能起到"无声胜有声"的效果。但是当我们为客人服务时，我们要将有感染力和说服力的手势、表情

（微笑）及有声语言三者相结合。这样能使我们更好地服务好每一位客人，从而提高我们的服务质量与美誉度。每一位服务人员都应该掌握礼貌规范的服务用语。使用礼貌规范的服务用语在饭店服务中是很重要的。它是饭店服务质量的核心要素，也是饭店赢得客源的重要因素。

二、对不同性格客人的语言忌讳

客人类型	忌讳
老好人性格的客人，说话温和	高声快语
猜疑性格的客人，不容易相信人	说话没有根据，模棱两可
傲慢性格的客人，容易瞧不起人	自负自傲，用词不恭
腼腆性格的客人，表现内向	随便开玩笑
性格急躁的客人，多有怨言不稳重	同样急躁，顶撞客人
沉默寡言性格的客人	不理不睬，冷落对方
性格散漫的客人	应顺其自然，用关怀语气提醒
不好沟通的客人，吹毛求疵，板着面孔	说话失分寸，招致争吵

三、饭店各部门常用服务语言

（一）客房常见规范用语

（1）问询客人是否要做卫生时。“您好，××先生/小姐，请问现在方便为您清理房间吗？”如果客人不需要，“对不起，打扰您了，方便清理时请拨打××电话或者挂‘请即清理’牌，我们将及时过来给您清理。”做完房间卫生时，“房间已经为您打扫完了，请问还有什么需要为您服务的吗？”

（2）问询客人是否需要开夜床时。“晚上好！请问现在方便为您开夜床吗？”如果客人不需要，“对不起，打扰了，祝您晚安！”

（3）问询客人是否需要洗衣时。“请问您今天有衣服要洗吗？如果有洗衣请签好洗衣单连同衣服放入洗衣袋中，中午12点前通知我们来收好吗？如果我们在中午12点之前收到您的洗衣，我们将在晚上6点之前洗净送还。若在中午12点以后收到，将在第二天晚上6点之前送还。”

（4）如客人有需求，自己不知如何作答时。“对不起，请您稍等，我帮您查询后马上打电话告诉您好吗？”

（5）如客人需要清理房间，而你正在清理其他住人房或者赶房时。“您好，真对不起，我这间房间还需要×分钟，您看可以吗？……那好的，我马上请其他同事过来给您清理，好吗？”

（6）如客人出去回来后，房间仍未清理时。“对不起，请问现在方便为您清理吗？”

出门时。“先生/小姐，您的房间已经清理好了，以后如果您需要早一点打扫房间，可以通知客房部，我们将及时为您清理房间。”

（7）把客人需要的东西送进房间时。“对不起，让您久等了。这是您所要的物品，谢谢您的等候。”

（8）收银员通知查C/O（走客房或退房），但是房内有客人时。“请问您是通知前台退房了吗？”可以委婉地问：“是否您的朋友在前台给您结账或者说您是否通知收银自动退房？”出来时说：“对不起，打扰您了。”

（9）正在清理房间时客人回来时。“先生/小姐，您好，我正在为您打扫房间，为了您的安全，可以出示一下您的房卡吗？”核实后说：“谢谢，我帮您把电取上吧！”

（二）餐厅常用服务用语

1. 迎宾常用服务用语

（1）请问您预订了吗？

（2）您一行有多少人呢？

（3）您要订几点的位子呢？

（4）能告诉我您的名字及电话吗？

（5）我们为您保留桌子××分钟。

（6）抱歉，我们××点钟前都没位子。

（7）一有位子我们将尽快通知您。

（8）早上好，先生/小姐您一共几位？

（9）请往这边走。

（10）请跟我来。

（11）请坐。

（12）请稍候，我马上为您安排。

（13）请等一等，您的餐台马上准备（收拾）好。

（14）请您先看一下菜单（请您先点一下凉菜）？

（15）先生/小姐，您喜欢坐在这里吗？

（16）对不起，您跟那位先生合用一张餐台好吗？

（17）对不起，这里有空位吗？

2. 点单常用服务用语

（1）先生，打扰一下，现在可以点菜了吗？

（2）您想喝点什么呢？

（3）您喜欢什么饮料，我们餐厅有……

（4）请问还需要什么吗？

（5）我能重复一下您点的菜吗？

（6）请慢用。

（7）今天的特色菜有……您是否有兴趣品尝今天的特色菜？

（8）它味道鲜美，值得一尝。

（9）这道菜非常可口，要不要尝尝？

（10）您喜欢用些什么酒？

（11）您喜欢用茶还是面汤？

（12）您喜欢吃甜食吗，来盘水果沙拉如何？

（13）请问，您还需要点什么吗？

（14）真抱歉，耽误您这么长时间。

（15）请原谅，我把您的菜搞错了。

（16）实在对不起，我们马上为您重新做（马上换）一盘。

3. 席间为客人服务时

（1）先生 / 小姐，您的菜上齐了，请慢用。

（2）您还需要些什么饮料？

（3）您的菜够吗？

（4）对不起，我马上问清后告诉您。

（5）先生，您是 ×× ？您的电话？

（6）小姐，打扰您了，我可以清理一下桌面吗？

（7）谢谢您的合作！

（8）谢谢您的帮助！

4. 结账常用服务用语

（1）这是您的账单，先生。

（2）您想怎样结账呢？

（3）请问您要分单还是一起付？

（4）请付 ×× 元，谢谢。

（5）请稍等，我一会儿给您找零和发票。

（6）先生 / 小姐，这是找给您的零钱和发票，请收好，谢谢！

（7）先生，请在账单上签字。

（8）期盼您的下次光临。

（9）再见。

（10）谢谢，欢迎您再来。

（11）希望您吃得满意。

（12）希望您对这里的菜肴提出宝贵意见。

（13）十分感谢您的热心指教。

5. 处理客人投诉的常用服务用语

（1）我为刚才的鲁莽向您道歉。

（2）对不起，让您久等了。

（3）我还能为您做些什么？

（4）我保证不会再发生了。

（三）前台常用服务用语

1. 总服务台服务用语

（1）欢迎来 ×× 饭店。

（2）请您出示证件。

（3）请问您住几天？

（4）请您填写住宿单。

（5）请交押金 ×× 元。

（6）这是您的住房卡和收据，请收好。

（7）有贵重物品请存在总服务台保险箱。

（8）这是您的行李，共三件。

（9）您有什么事请与总台联系，我们会尽力帮助您解决。

（10）我来帮您提行李。

（11）请到南边迎宾楼。

（12）请上楼。

（13）请上电梯。

2. 总机服务用语

（1）您好，×× 饭店。

（2）请讲慢一点。

（3）请再说一遍。

（4）请稍等，不要挂断。

（5）我给您接到 ××。

（6）现在占线。

（7）没有人接听。

（8）×× 先生不在，您能留下电话号码吗？回来给您回话。

（9）×× 先生，刚才 ×× 先生来电话，请您回电话，号码 ××××××××（具体以记录下的号码为准）。

（10）您的长途电话费 ×× 元，请在服务台付款。

3. 结账、告别用语

（1）先生（小姐），这是您的账单，请您过目。

（2）现在可以给您结账吗？

（3）您的钱正好。

（4）这是账单和找您的 ×× 元钱，请收好。

（5）感谢您对我们工作的协助。
（6）您还有什么事需要我们帮助吗？
（7）请多关照，保持联系。
（8）期待您下次来北京还住 ×× 饭店。
（9）祝您旅途愉快。
（10）祝您一路平安。
（11）谢谢，再见。

任务评价

序号	评价项目	评价标准	评价结果			
			优	良	合格	不合格
1	常规语言	常规语言的正确使用				
2	服务语言	服务语言技巧的运用				
3	表达能力	表达流利				
4	热情	服务热情程度适中				
5	微笑	面带微笑服务				

任务练习

一、实操练习

（1）根据下面给出的任务，按照饭店常规服务语言，编写情境服务对话并练习。
任务一：当客人进入餐厅。
任务二：为客人点菜时。
任务三：为客人办理入住手续。
任务四：餐后结账并送客。
（2）案例分析。
面对顾客的责难，用语言充分地表述及应对，该怎么说？
①客人带走了口布，如何处理？
②包间客人酒喝多了，说话失礼，应该如何处理？

（3）练习。

①语言练习

欠妥的语言：我来带你。

妥当的语言：方便让我帮您找位子吗？

欠妥的语言：这个座位好吗？

妥当的语言：这个座位您觉得可以吗？

欠妥的语言：一共几个？

妥当的语言：请问您一共几位？

欠妥的语言：久等了。

妥当的语言：对不起，让您久等了。

②请将以下语言用妥当的语言表述出来。

你只有一个人吗？

这个包间很贵的。

那是为重点客人准备的。

这是你的肝。

我给你打包。

我给你捆起来。

这老头快完了。

这是我们企业的规定。

二、试题练习

1. 填空题

（1）致谢语中“具体式”是指就 ________，如“这次让您费心了。”

（2）若客人有特殊要求可以使用 ________；若是外宾应使用简单英语。

（3）________ 问候语。结合时间、时令进行问候，如“早上好”“晚安”等。

2. 不定项选择题

（1）“你不介意我来帮帮你吧！”属于征询语的（　　）类型。

A. 主动式　　B. 封闭式　　C. 开放式　　D. 求助式

（2）服务语言及语气忌使用（　　）。

A. 反问及命令语气　　B. 请示语

C. 问候语　　D. 指挥的语气

（3）表达“您要饭吗？”你认为最恰当的一句是（　　）。

A. 请问，你需要饭吗？

B. 对不起，打扰一下。需要为您添饭吗？

C. 你要不要吃饭？

D. 请问，您现在需要米饭吗？

（4）赞赏语的类型有（　　）。

A. 回应式　　B. 认可式　　C. 评价式　　D. 以上都是

（5）饭店语言礼仪的类型包括（　　）。

A. 口头语言礼仪　　B. 书面语言礼仪

C. 体态语言礼仪　　D. 以上选项都是

3. 案例

案例一：

前厅接待员致电邓先生确认其预订。请分析对话中服务语言是否合理，如果你是服务员，你该怎么说。

服："你好，你是姓邓吗？"

邓："我是啊。"

服："你是不是在我们饭店预订了一个标准间啊？怎么还没过来呢？"

邓："是啊，但我朋友今天来不了啦。"

服："怎么不早说呢，很多客人来预订，我们都没把房间给他们！"

邓：……

案例二：

某天晚上 8 点，刚入店的 501 房客人站在门口喊："服务员，我怎么打不开门？"服务员答："请让我试一下好吗？"随后，服务员边试边说："您将磁条贴近门锁，待绿灯亮后立即向右转动把手，您看，门现在开了。"

总台在办理入住手续的时候需要同行客人出示证件，而客人只愿意出示其中一人的身份证，服务员说："对不起，住店客人必须登记，这是饭店（或公安局）的规定。"

请问以上两例中服务员的语言是否妥当，如果你是服务员，你应该怎么说？

项目二

饭店电话语言礼仪

项目描述

电话是饭店服务人员与客人之间重要的沟通工具之一。在日常工作中接打电话的礼仪落实到位与否，直接关系着饭店的形象。

该项目由电话服务礼仪、接听电话礼仪、转接电话礼仪、电话留言礼仪、拨打电话礼仪五个任务构成。每个任务包括任务的具体内容、操作程序与标准及礼仪要求、任务演练和对学生学习效果的评价。借此培养和提高学生的语言礼仪修养，让客人感受到员工的良好素质与饭店的服务品质。

学习目标

1. 能在职场中运用规范的语言与仪态树立电话礼仪形象；
2. 能在职场中按照接听电话的礼仪要求完成电话服务；
3. 能在职场中按照转接电话的礼仪要求完成电话服务；
4. 能在职场中按照电话留言的礼仪要求完成电话服务；
5. 能在职场中按照拨打电话的礼仪要求完成电话服务；
6. 培养和加强自身的岗位服务意识，提高礼仪修养。

任务 1　电话服务礼仪

任务目标

- 能理解规范用语在电话服务中的重要性；
- 能正确运用电话服务中的规范语言；
- 能正确叙述拨打、接听电话的服务流程；
- 能正确掌握电话服务中的仪态与语音要求。

任务安全与其他注意事项

- 注意电话机无杂音，避免通话不畅；
- 注意对通话对象及通话内容保密；
- 注意留言的及时转达，以免产生不良后果；
- 办公桌上注意不摆放水杯，以免碰翻造成短路；
- 需要后续沟通的要履行诺言，切忌失信于客人。

任务导入

同事的你

一天，前台的我接到一个电话，是2068号房客人说需要一杯冻的冰红茶，我拨通区域服务台的电话，对方接起电话："喂！"我说："你好！麻烦为2068号房送一杯冻的冰红茶，谢谢！"对方说了一句"嗯"就把电话挂断，我顿时感到有点莫名其妙，又怕对方没听清楚，就再次拨打过去，对方又是一个"喂！"我说："你好，麻烦为2068号房送一杯冻的冰红茶，谢谢！"此时，对方不耐烦了，"你刚才不是说过了吗？听到了。""啪"又把电话挂了，这次我全晕了，难道这是一名服务员应有的电话礼仪吗？

服务行业中，时常注意自己的行为举止是礼仪礼貌中必不可少的，无论是在客人或是同事面前，都必须时时谨记言行有礼，在电话交流中更应如此。

相关知识

饭店电话服务虽是"只闻其声，不见其人"，但我们的声音、表情、语言、态度、礼貌均可从电话的一端传到另一端，所以塑造良好的电话礼仪形象不但体现了个人形象，更是代表着饭店的整体形象。那么如何向宾客展现规范、标准的电话礼仪呢？让我们带着这一问题一起学习。

一、饭店电话服务操作流程及礼仪要求

（一）接听电话操作流程

（1）做好接听电话的准备工作。

（2）在电话铃响三声之内接听。

（3）礼貌问候并自报单位名称。

（4）询问对方确认通话者身份。

（5）热情应答沟通以达成共识。

（6）礼貌结束等候对方先挂机。

（7）整理客人资料与通话要点。

（二）转接电话操作流程

（1）做好转接电话的准备工作。

（2）在电话铃响三声之内接听。

（3）礼貌问候并自报岗位名称。

（4）询问对方确认通话者身份。

（5）热情应答确认已成功转接。

（6）简要说明转接未成的缘由。

（7）礼貌结束等候对方先挂机。

（三）电话留言操作流程

（1）做好电话留言服务的准备。

（2）在电话铃响三声之内接听。

（3）询问对方确认通话者身份。

（4）主动询问对方是否愿留言。

（5）复述留言转交前台咨询处。

（6）礼貌结束等候对方先挂机。

（7）及时准确地转达完成留言。

（四）拨打电话操作流程

（1）做好拨打电话的准备工作。

（2）用正确方式进行准确拨号。

（3）礼貌问候并自报单位名称。

（4）确认对方为所需的通话者。

（5）热情应答沟通以达成共识。

（6）礼貌结束等候对方先挂机。

（7）整理客人资料与通话要点。

二、饭店电话服务规范用语

（一）语言要求

语言简洁礼貌，尽量使用书面语，使用双方都能听懂的普通话，如果知道对方熟悉的语种，可以优先选择。在说话时咬字要清晰，使用好问候语、询问语、应答语和感谢语。当对方说完重点时，及时给予应答，表示已知；对交托的事应复述确认并积极反馈，以示重视对方。

（二）规范语言

您好！ ×× 饭店，请讲！

您好！前台值班员 ××，请讲！

您好！ ×× 饭店总机，请问您找谁？

请问您贵姓？
您好！请问怎么称呼您？
请问您有什么事？
请问还有其他可以帮您的吗？
您好，××先生，宾客服务中心，有什么可以帮您？
对不起，让您久等了！
感谢您的耐心等待！
请稍等，我帮您查询一下！
抱歉，这事我可以帮您询问一下！
抱歉，他还没有回来，您方便留言吗？
对不起，××不在，我可以替您转告吗？
对不起，××有事刚离开，您方便留下联系方式吗？
对不起，我再查一下，您还有其他信息可以提示我一下吗？
请您先不要着急，慢慢讲，我会尽力帮助您的。
很抱歉，我没听清楚，请您再重复一遍好吗？
很高兴为您服务！
祝您心情愉快！
不用谢，这是我们应该做的。
我们尽快向上级反映，在××时间内为您做出答复！
非常感谢您提出的宝贵意见，我们将不断改进，希望您继续支持我们！

三、饭店电话服务规范礼仪

（一）通话过程中的礼仪

选择最佳通话时机：一是双方约定的时间，二是对方方便的时间。通话不宜选择在对方上班后、下班前10分钟，不宜选在对方时间为清晨或深夜时，除非紧急情况，否则也别在用餐及午休时间打电话给对方。

选对谈话对象，并做好物质及精神上的准备：备好纸笔、话机，拟好通话要点、列出提纲；保持精神上的高度集中，拥有良好愉快的心情。

问候语要符合通话方的时间、季节及通话对象身份，问候时要诚恳，让对方从声音就能听出你的诚意。

任何找领导的电话必须先转到相关的秘书处，以保证领导不被无关紧要的电话打扰；上司如果不接电话，应设法圆场，不要让对方感到难堪和不安。

在确认对方姓名时，尽量用褒义词语，如“您姓孙，是《孙子兵法》的孙吗？”而不是“您姓孙，是孙儿的孙吗？”

要仔细倾听对方的讲话，一般不要在对方没有讲完时打断对方。如实在有必要打断时，应该说“对不起，打断一下。”

沟通时要语言简洁，要点明确，表述全面，征询意见不要含糊，争取将通话的时长控制在3分钟内。

交谈中如有事情需要处理，要礼貌告知对方，以免误解，未讲清的事情要再约时间并履行诺言。

不论通话结果如何，均应以礼貌语结束，等候对方先挂机。通常由长辈、上司、客户先挂断电话，平辈则由打电话者先挂机。

（二）通话过程中的禁忌

忌厌烦的神情。

忌生硬的语气。

忌使用对方不懂的方言。

忌敷衍走神，答非所问。

忌絮叨，东拉西扯。

忌拿腔拿调，嘲讽对方。

忌以笔代手拨号。

忌让小孩代接电话。

忌边吃东西，边讲话。

忌对着话筒叹气、嬉笑。

忌对着话筒咳嗽、打哈欠。

忌转告留言再托他人转之。

忌随便将同事的手机号码告知别人。

忌吞吞吐吐、吐字不清、态度不明。

忌将转接到的敏感电话，加以妄自猜测、随意传播。

忌电话服务中用“四语”：蔑视语、烦躁语、否定语、顶撞语。

四、饭店电话服务形象塑造

现代社会，人人都会使用电话，但并非人人都懂得电话礼仪。不注意电话礼仪的人往往还未谋面就给对方留下不佳印象，进而影响其所在单位的形象与利益。因此应在电话服务过程中坚持热情主动、温和耐心、真诚服务的服务意识，树立体态端庄、面带微笑、态度和蔼、声音悦耳、心态平和的电话形象。

电话服务虽是“只闻其声不见其人”，但你的微笑会通过你的声音传达给对方。你种下什么种子，就会收获什么果实，所以你的一言一行不但体现你的修养，更是饭店服务品质的反映。

（一）通话过程中的心态管理

通话时无论客人的态度怎样，服务员始终要聚精会神，报以热诚、谦恭、友好的态度，避免出现待客态度的不一致、通话前段与遇到问题后态度的不一致。“态度决定一切”，所以每一通电话都要保持愉悦、平和的心态，以“宾客至上”为服务宗旨。

（二）通话过程中的仪态表情管理

通话中保持正确（站、坐）姿势与表情，因为姿势端正，声音自然会清晰、动听；面带微笑，声音就会明朗、流畅；电话服务过程中做到左手持听筒、右手握笔记录或操作电脑，不要把电话夹在脖子下，也不能趴着、躺着，更不能将双脚架在桌子上仰着打电话。姿态可以通过话筒传达给对方，即使彼此看不见，弯腰向对方道歉，对方也会感觉到你的诚意。因此，电话服务中姿态与表情也能展示出个人素养与服务品质。

（三）通话过程中的声音形象管理

通话时话筒与嘴的距离保持在 2 厘米左右，随时注意用语规范、吐字清晰、语气亲切、语调柔和、语速适中、音量适当。选择适宜通话的环境，在人多杂乱的地方，不因为让对方听清而大声喊叫；不要因为对方身份而改变通话语气，应自始至终使用亲切平和的声音平等地对待客人；通话时语速要适当，这既可让对方听清楚，也可避免自己因语速快而说错话；通话中语调尽量做到抑扬顿挫和流畅自然，给客人以悦耳之美感。

（四）通话过程中的情绪掌控管理

通话过程自始至终都应做到待人以礼，对态度恶劣的客人保持耐心，掌控好情绪，有礼有节地处理好事务。不论何时何地何种情况，你都不能让不良的消极情绪传染给电话另一端的人，因为你无权这样做，因为你代表着整个饭店的形象。

延伸阅读

1. 5W1H 通话要点

Why：是指打电话的理由，需要达到什么目的。

What：谈论内容是什么。

Who：是指打电话的对象，应知晓如何在称呼上满足其优越感。

When：是选择对对方来说较合适的时间进行通话，从而获得对方较高的认同度。

Where：是要确定与通话对象下次沟通的具体地点，以体现诚恳之情。

How：是指采用何种方式向接电话者传达内容，使之明白你的意图。

提前想好谈话要点，列出提纲并作思考：

我的电话要打给谁？

我打电话的目的是什么？

我要说明几件事情？它们之间的联系怎样？

我应该选择怎样的表达方式？

在电话沟通中可能会出现哪些障碍？

面对这些障碍可能的解决方案是什么？

2. 小提示

接听电话三大禁忌：久候、问题重复、谈话不得要领。

在确认对方姓名时，尽量用褒义词语，如“您姓孙，是《孙子兵法》的孙吗？”

要仔细倾听对方的讲话，一般不要在对方没有讲完时打断对方。如实在有必要打断时，则应该说“对不起，打断一下。”

通话时如果有其他人过来，不得目中无人，应点头致意，如果需要与来人讲话，应讲“请您稍等”，然后捂住话筒，小声交谈。

上司如果不接电话，应设法圆场，不让对方感到难堪和不安；

对于自己不了解的人或事不能轻易表态；

转接电话，首先必须确认同事在办公室，并说“请您稍等。”若同事不在，一定要询问是否需要留言或回电，并做好详细的电话记录，同事回来后，立即转告并督促回电。

留言或转告要立即执行，将来电所托事项填写在“电话留言便条”上，以口头形式传达，或以便条形式传递。

通常应由长辈、上司、客户先挂电话，平辈则由打电话者先挂掉。

任务评价

序号	评价项目	评价标准	评价结果			
			优	良	合格	不合格
1	流程	接打电话操作规范				
2	应变	处理事情恰当，有效完成任务				
3	语言	使用规范性语言				
4	语音	语调柔和，音量、语速适中				
5	微笑	保持心态平和与微笑				
6	仪态	端庄、优雅的仪态				

任务练习

一、实操练习

接听电话服务情境实操练习。

去话方：中华公司秘书处张小姐。

受话方：某五星级豪华饭店前台。

事宜：中华公司总裁将于明日 20 点入住预订的总统套房，通知饭店做好相应的准备。

二、试题练习

1. 填空题

（1）电话接通后先 ________ 对方，再作 ________。

（2）礼貌结束通话后，应等候对方先 ________。

（3）话筒与嘴的距离保持在 ________ 厘米左右，声音比较清晰。

（4）如果超过 ________ 声才接电话，应向对方表示歉意并稍做解释。

（5）在电话服务中忌用的“四语”是指 ________ 语、________ 语、________ 语及 ________ 语。

2. 单项选择题

饭店服务人员接听电话忌使用（　　）语气。

A. 命令　　B. 请示　　C. 问候　　D. 礼貌

3. 多项选择题

（1）通话时机不宜选择在以下（　　）时间段。

A. 上班后 10 分钟　　B. 用餐或午休

C. 清晨或深夜　　D. 下班前的 10 分钟

（2）需要复述的通话内容有（　　）。

A. 避免听误　　B. 对方的电话号码

C. 需要对方承接的任务　　D. 双方约定的时间地点

（3）电话服务中的语音要求（　　）。

A. 吐字清晰　　B. 语调柔和、语速适中

C. 音高适当　　D. 语气亲切

（4）下列（　　）属于通话过程中的禁忌。

A. 让小孩代接电话　　B. 絮叨

C. 语气生硬　　D. 嘲讽对方

（5）通话过程中应呈现的正确姿态为（　　）。

A. 标准坐姿　　B. 标准站姿　　C. 标准睡姿　　D. 斜坐趴着

4. 判断题

（1）电话服务时“只闻其声不见其人”，所以微笑与否不重要。（　　）

（2）可将同事的电话号码告知于找寻同事的来电者。（　　）

（3）工作太忙时可将转告的留言再托他人转之。（　　）

（4）不论通话结果如何，均应以礼貌语结束，等候对方先挂机。（　　）

（5）在电话服务中服务人员的言行不仅是个人素养的体现，也代表着饭店形象。（　　）

（6）在人多嘈杂的地方，为了让对方听清可以大声喊叫。（ ）

（7）电话服务以语音服务为主，所以接打电话时可以随意采用姿态。（ ）

（8）接听电话时要仔细倾听对方的讲话，一般不要在对方没有讲完时打断对方。（ ）

5. 简答题

（1）拨打电话前的准备工作有哪些？

（2）你知道在通话过程中有哪些禁忌？

6. 案例分析

你拨打电话到应聘公司咨询结果，当回复是婉拒时，你将如何应对？

任务2　接听电话礼仪

任务目标

- 能在饭店接听电话服务中运用规范语言；
- 能在接听电话时展现甜美微笑、优美语音及雅致仪态。

任务安全与其他注意事项

- 办公桌上注意不要放置水杯，以免碰翻造成短路；
- 注意电话机无杂音，避免通话不畅；
- 注意对通话对象及接听内容保密；
- 注意留言的及时转达，以免产生不良后果。

任务导入

由错误电话招来的贵客

一位客人误将A饭店的电话拨成了B饭店的电话，接线员在知晓拨打错误后，不但保持了礼仪风度，还询问客人是否需要A饭店的电话号码，结果使受到尊重的客人成了B饭店的忠实客人，还为饭店做了不少的口碑宣传。这正是把所有的客人都当作饭店的贵客来接待的良好实例。此例中的服务既满足了客人的需求，又让客人感受到服务的主动性、超前性、周到性。那么，下面让我们一起来学习饭店接听电话的礼仪与服务流程吧！

相关知识

一、饭店接听电话服务流程

步骤一：做好接听电话的准备工作。

步骤二：在电话铃响三声之内接听。

步骤三：礼貌问候并自报单位名称。

步骤四：询问对方确认通话者身份。

步骤五：热情应答沟通以达成共识。

步骤六：礼貌结束等候对方先挂机。

步骤七：整理客人资料与通话要点。

二、饭店接听电话服务程序与标准及礼仪要求

（一）做好接听电话的准备工作

（1）随时做好接听电话的物质准备：备好纸笔、电话机、记录本等。

（2）做好精神准备工作：注意力集中、头脑清醒、保持良好的情绪等。

（二）在电话铃响三声之内接听

（1）接听时间。在电话铃响三声内接听。如接听时超过三声必须致歉，并说明缘由，取得谅解。

（2）接听姿势。左手拿话筒、右手持笔或操作电脑。接听时姿态端庄，动作优雅，表情自然。

（三）礼貌问候并自报单位名称

（1）礼貌问候，自报身份或部门名称。

一线部门常用自我介绍：英文问候、英文部门、英文名字、中文问候、中文部门，以及“请问有什么可以帮您？”

二线部门常用自我介绍：中文问候、中文部门、中文名字，以及“请问有什么可以帮您？”

（2）询问对方有什么可以帮忙的，应态度亲切、微笑问候，问候语适当。接听客人电话，必须使用客人的姓氏称呼客人。

（四）询问对方以确认通话者身份

（1）礼貌询问，明确通话对象的身份。

（2）若对方拨错电话，应耐心告诉他拨错号码了，可告知其此时通话的单位或部门名称。

（五）热情应答沟通以达成共识

（1）确认是找本人的电话后再进行沟通交流。做到认真倾听、热情应答，善于沟通、

达成共识。

（2）清楚地复述需要记录的人名、地名、时间等信息，准确记录通话要点。

（3）如果在通话中，另有来者需要讲话，应对来者点头致意，并对通话者告知“有事请您稍等”，然后捂住话筒，小声与来人简短地交谈，切莫让对方久等。

（六）礼貌结束等候对方先挂机

用礼貌语结束，并向对方表达谢意，等候对方先挂机再轻轻挂上电话。

（七）整理客人资料与通话要点

（1）通话结束后，认真整理通话记录与客户资料，把要点记录在工作本中。

（2）有留言或转告时填写“电话留言便条”，并立即执行。

延伸阅读

使用手机的注意事项。

（1）不要在医院或者在机场使用手机，以免影响医院或机场电子设备的使用。

（2）切记禁止使用手机的地方，如加油站、电影院、行李站等，以免意外发生。

（3）电话铃声多样化，但在公众场所以不扰他人为宜。

（4）手机尽量不要放置在枕边、胸前等，放在手提包中较安全、少辐射。

（5）手机电量不足、信号弱时少使用，接通瞬间将手机远离头部，长话短说。

（6）当不使用手机时，请锁住手机屏幕，以防意外拨打诸如119、110、120等特殊的紧急电话号码。

任务评价

序号	评价项目	评价标准	评价结果			
			优	良	合格	不合格
1	流程	按接听电话流程规范操作				
2	应变	处理事情适当				
3	语言	语言使用规范				
4	语音	语调柔和、音量语速适中				
5	微笑	保持心态平和与微笑				
6	仪态	端庄、优雅的仪态				

任务练习

一、实操练习

（1）小组活动。

学生按 8 人一组在学校实训室进行接听电话的训练，角色分为饭店服务员与客人，每个人轮换进行角色练习，组内同学观摩并评议。

（2）小组活动完成后，选出优胜者在班内演示，全班参与任务评价，老师点评，每人写出实训小结。

（3）接听电话服务情境实操练习。

去话方：某公司秘书处张小姐

受话方：饭店客房预订员李小姐

事宜：该公司将于明日 12 点入住本饭店，预订标准房 10 间，此时饭店只有标准房 7 间，套房 2 间，你该如何完成好此次电话接听服务？

二、试题练习

1. 填空题

（1）接听电话前，做好精神准备：注意力 ____________、头脑清醒、保持良好的 ____________ 等。

（2）在电话铃响 ____________ 声内接听。

（3）接听客人电话，必须使用客人的 ____________ 称呼客人。

2. 判断题

（1）如接听时电话铃响超过三声必须致歉，需说明缘由，取得谅解。　（　）

（2）若对方拨错电话，应轻轻挂上电话。　（　）

（3）若在通话中，另有来者需要讲话，应对来者点头致意，并对通话者说“有事请您稍等”，然后捂住话筒，小声与来人简短地交谈，切莫让对方久等。　（　）

任务 3　转接电话礼仪

任务目标

- 能在饭店转接电话的服务中运用规范性语言；
- 能在转接电话过程中展现甜美微笑、优美语音及雅致仪态。

任务安全与其他注意事项

- 办公桌上注意不放水杯，以免碰翻造成短路；
- 注意电话机无杂音，避免通话不畅；
- 注意对通话对象及转接内容保密；
- 注意留言的及时转达，以免产生不良后果。

任务导入

请稍等

"叮——"，小王熟练地提起了电话，"您好！""快转 ×× 房间。"一个急切的声音说道。小王习惯地脱口而出："先生，请稍等。"话音刚落，对方大声回答："有急事，稍等什么稍等，赶快给我转。"听到客人的指责，小王心里虽难受，还是立即把电话转接到房间，可电话响了六声后，依然无人接听，小王判断房内无人，就快速告知对方。"怎么会没有人呢？不可能。"客人的语气显得焦急又无奈，小王耐心地说："先生，请不要着急，我试试看能否帮你联系到他。"当客人听到这话感动而内疚地说："小姐，对不起，我有急事，说话有情绪，请你谅解。""不必客气，谢谢您的理解。"随后，小王将电话打到了前台，得知该房客人对访客的留言，立刻告诉了他。

"请稍等"这句话虽是一种礼貌用语，但在特殊情境中使用确有其不足之处。服务员若能因人而异，换成"好的，我立刻为您转接"可能效果更好。

为了能让客人听到你的声音就能感受到你的工作热情，进而感受到饭店服务的尽善尽美，让我们一起来学习饭店转接电话的礼仪与服务流程吧！

相关知识

一、饭店转接电话的操作流程

步骤一：做好转接电话的准备工作。
步骤二：在电话铃响三声之内接听。
步骤三：礼貌问候并自报岗位名称。
步骤四：询问对方确认通话者身份。
步骤五：热情应答确认已成功转接。
步骤六：简要说明转接未成的缘由。
步骤七：礼貌结束等候对方先挂机。

二、转接电话服务程序、标准及礼仪要求

（一）做好转接电话的准备工作

随时做好转接电话的物质准备与精神准备：备好通信设备、调整声音及表情、保持仪态端庄。

（二）在电话铃响三声之内接听

在电话铃响三声内接听。如接听时超过三声必须致歉，并说明原因。

（三）礼貌问候并自报岗位名称

（1）在问候之后准确通报自己的岗位、姓名等。如“您好，我是宾客服务中心的××。”

（2）如果是住店客人来电，客人的姓名会在机台上显示。必须使用规范用语问候，如“您好，××先生，宾客服务中心，请问有什么可以帮您？”

（四）询问对方确认通话者身份

（1）确认对方信息与转接要求，判断能否转接。

（2）转接住客电话时，除非得到客人事先许可，否则不得将房号与客人行踪告知对方。

（3）找领导的电话，为保证领导不被无关紧要的电话打扰，必须先转到相关的秘书处。

（4）如是投诉电话，应该仔细聆听，帮其找到可以给予帮助的人员或解决问题的途径，但不能直接将电话转给领导。

（五）热情应答确认已成功转接

（1）首先必须确认接听人在或不在，并对来电者说“请您稍等”。如果是客人的电话，征询客人意见由客人决定是否接听，按客人意见处理。

（2）如果是同事的电话，若同事不在，一定要询问是否需要留言或回电，并做好详细的电话记录，同事回来后，立即转告并督促回电。

（六）简要说明转接未成的缘由

如果转接不成功，要重视细节考虑周全，向客人简要说明以免误会。如“对不起，先生/女士，您要转接的分机占线，可以为您留言吗？”或“您希望在线上等吗？”

（七）礼貌结束等候对方先挂机

用礼貌语结束通话，向对方表示谢意，等候对方先挂机，再轻轻挂上电话。

延伸阅读

转接电话小提示

转接电话小提示：

不要将电话当烫手山芋到处转接；

勿同时接听两个电话；

勿对拨错电话者咆哮；

勿因人而改变通话语气；

禁用攻击性话语；

回避不雅之言；

对客人提出的要求要予以重复确认；

转接客人电话，切记不能透露客人房号及资料，避谈隐私问题。

任务评价

序号	评价项目	评价标准	评价结果			
			优	良	合格	不合格
1	流程	按转接电话流程规范操作				
2	应变	能对事情做应变处理				
3	语言	使用规范性语言				
4	语音	语调柔和，音量、语速适中				
5	微笑	保持心态平和与微笑				
6	仪态	端庄、优雅的仪态				

任务练习

一、实操练习

（1）小组活动。

学生按8人一组在学校实训室进行转接电话的训练，角色分为饭店服务员与客人，并在组内评议。

（2）小组活动完成后，选出优胜者在班内演示，全班参与任务评价，老师点评，每人写出实训小结。

（3）转接电话服务情境实操练习。

去话方：某公司销售经理张先生

受话方：饭店总机接线员李小姐

事宜：该公司销售经理张先生来电找2218房间的公司总经理王总，但此房的客人申请了免电话打扰服务，你将如何完成好此次转接服务？

二、试题练习

1. 填空题

（1）在电话铃响三声内接听。如接听时铃响超过三声必须 ________。

（2）当接到找同事的电话，若同事不在，一定要询问是否需要留言或回电，并做好详细的 ________，同事回来后，立即转告并督促 ________。

2. 判断题

（1）如是投诉电话，应该仔细聆听，帮其找到可以给予帮助的人员或解决问题的途径，但不能直接将电话转给领导。（　）

（2）转接住客电话时，若客人不在，可将房号与客人行踪告知对方，以免对方着急。（　）

任务 4　电话留言礼仪

任务目标

- 能在饭店电话留言服务中运用规范性语言；
- 能在电话留言服务中展现甜美微笑、优美语音及雅致仪态。

任务安全与其他注意事项

- 办公桌上注意不放水杯，以免碰翻造成短路；
- 注意电话机无杂音，避免通话不畅；
- 注意对通话对象及留言内容保密；
- 注意留言的及时转达，以免产生不良后果。

任务导入

如此留言服务

林女士打电话给前台说有一批客人要入住，接电话的是当班新员工小李。以下是二人的通话。小李：“您好！海宇饭店，请问您找谁？”林女士：“请问高经理在吗？”小李：“麻烦您稍等，我帮您转接。”林女士：“谢谢您！”小李：“林女士，很抱歉！高经理出去还没回来呢！请问您有什么事需要我转告他？”林女士：“麻烦您帮我转告高经理，28 日晚有批客人入住。”小李：“好的，我会转告高经理。”林女士：“谢谢您！”小李：“不用客气！”林女士：“再见！”

可当高经理回来后，想确认客人信息时，小李一条也答不上来，既不能与林女士取得联系也不能将客房安排妥当，如此的留言等于无效。

在留言服务时，不但要做到礼貌待客，更重要的是保证留言内容信息齐全，才能完成服务，满足客人需求的同时让饭店增收。下面让我们一起来学习饭店电话留言的礼仪与服务流程吧！

相关知识

一、饭店电话留言操作流程

步骤一：做好电话留言服务的准备。

步骤二：在电话铃响三声之内接听。

步骤三：询问对方确认通话者身份。

步骤四：主动询问对方是否愿留言。

步骤五：复述留言确认转达的方式。

步骤六：礼貌结束等候对方先挂机。

步骤七：及时准确地转达完成留言。

二、电话留言服务程序与标准及礼仪要求

（一）做好电话留言服务的准备

（1）做好电话留言服务的准备工作：电话机旁应备有纸、笔或电脑记录留言。

（2）操作时姿势正确，面带微笑，注意力集中。

（二）在电话铃响三声之内接听

（1）在铃响三声内及时接听，注意语音清晰及微笑服务。

（2）亲切问候，诚恳待客并简洁地自我介绍：问候＋部门＋名字＋“请问有什么可以帮您？”

（三）询问对方确认通话者身份

（1）礼貌询问，明确通话对象的身份。

（2）确认留言客人信息、确认留言要求，判断能否完成此留言。

（四）主动询问对方是否愿留言

（1）若对方要找的人不在，应主动询问对方是否愿意留言。

（2）如果接受留言的客人已离店，或有其他不能完成留言任务的情况应及时说明，以免误会。

（3）电话内容涉及机密，要严格保管记录，以防外传。

（五）复述留言内容确认转达方式

（1）对方需要留言，记录后复述留言内容，确保留言的准确度，尤其是记下人名、地名、日期与数字等，以避免不必要的信息错误。

（2）从系统里打出留言，召唤行李员将留言条迅速送至客人房间，开启电话留言灯提醒客人有留言未看。

（3）及时、准确、无误地为客人将留言转达到主人，完成留言服务。

（六）礼貌结束等候对方先挂机

用礼貌语结束通话，向对方表达谢意，“感谢来电，李先生，您给刘女士的留言我们会立即送到她的房间”。等候对方先挂机，再轻轻挂上。

（七）及时准确地转达完成留言

（1）按饭店的留言服务操作，采用房间的留言条或电脑留言。

（2）开启留言指示灯，客人到房后提醒客人电话查询。

延伸阅读

电话留言五要素。

（1）留言的主人（这是给谁的留言）。

（2）留言的由来（此留言来自哪里）。

（3）留言的时间（留言的具体时间）。

（4）留言记录者（是谁接到的留言）。

（5）留言的内容（留言的主要内容）。

任务评价

序号	评价项目	评价标准	评价结果			
			优	良	合格	不合格
1	流程	按电话留言流程规范操作				
2	语言	使用规范的语言				
3	语音	语调柔和、音量语速适中				
4	应变	对情况的应变处理				
5	微笑	保持平和心态与微笑				
6	仪态	端庄、优雅的仪态				

任务练习

一、实操练习

（1）小组活动。

学生按 8 人一组在学校实训室进行电话留言服务礼仪训练，每两人轮换扮演饭店服务员与客人，来完成电话留言服务，组内进行评议。

（2）小组活动完成后，选出优胜者在班内演示，全班参与任务评价，老师点评，每人写出实训小结。

（3）电话留言服务情境实操练习。

去话方：张先生

受话方：饭店总机接线员李小姐

事宜：张先生刚下飞机，来电找本饭店 2818 房间的侄子张可先生，可此房客人暂不在房内，张先生需要留言给他，你将如何完成此项留言服务？

二、试题练习

1. 填空题

（1）对方需要留言，记录后复述内容，确保留言的准确性，尤其是记下________、地名、________与数字等，以避免不必要的信息错误。

（2）从电脑系统里打出留言，召唤行李员将留言迅速送至________，可开启电话留言灯用以提醒客人有留言未看。

2. 判断题

（1）如果接收留言的客人已离店，或因其他缘由不能完成留言任务，应婉拒服务但不用说明缘由。（　　）

（2）如果留言内容涉及机密，一定要严格保管记录，以防外传。（　　）

（3）在电话铃响三声之内接听，铃响超过三声接听必先致歉。（　　）

任务 5　拨打电话礼仪

任务目标

- 能在拨打电话服务中运用规范性语言；
- 能在拨打电话时展现甜美微笑、优美语音及雅致仪态。

任务安全与其他注意事项

- 办公桌上注意不摆放水杯，以免碰翻造成短路；
- 注意电话机无杂音，避免通话不畅；
- 注意对通话对象及通话内容保密；
- 注意需要后续沟通的要履行诺言，以免产生不良后果。

任务导入

恭而有礼

某天上午，海宇温泉饭店前台服务员发现8011、8012房间的香港来客李太太前一天已结账，但第二天仍未离店。李太太是公关部安排来的，直接电话问询她为什么没离店，会给人感觉很不礼貌，不问又会造成房间安排“重房”，还怕“跑账”，最后由公关部经理出面给李太太打了电话，具体内容如下，“您好！是李太太吗？”“是啊，你是谁？”“我是公关部的，真不好意思。您来了几天了，我们还没来得及去看望你，温泉理疗怎么样了？”“谢谢，还可以。”“听说您昨天已结账了，今天没走成，是航班取消还是其他原因，您看公关部能为您做些什么？”“谢谢，昨天结账是因为同来的朋友回去了，现只要一个房间了，所以先结了前几天的，我还要住一周呢。”“李太太，您有什么需要尽管吩咐，我这儿的电话是9915，祝您住得愉快！”公关部经理用委婉而有礼的询问，探明了住客结账未走的原因，并表达了问候，而如果直言询问会伤害宾客的自尊心，有损饭店的形象。

饭店服务人员对客人做到“敬而不失，恭而有礼”，既可体现服务人员的善意、大度、文雅，还能给宾客带去舒适与满足，获得宾客的好感与谅解。那么，下面就让我们一起来学习饭店拨打电话的礼仪与服务流程吧！

相关知识

一、饭店拨打电话的操作流程

步骤一：做好拨打电话的准备工作。
步骤二：用正确方式进行准确拨号。
步骤三：礼貌问候并自报单位名称。
步骤四：确认对方为所需的通话者。
步骤五：热情应答沟通以达成共识。
步骤六：礼貌结束等候对方先挂机。
步骤七：整理客人资料与通话要点。

二、饭店拨打电话服务程序与标准及礼仪要求

（一）做好拨打电话的准备工作

（1）随时做好拨打电话的准备工作：备好纸笔、电话机等通信用具，拟好通话要点、列出提纲、思考应对方案。

（2）调整好情绪，选择适宜的通话地点与时间，保持良好的精神状态，有礼有节地待客。

（二）用正确方式进行准确拨号

先确认需拨打的号码，然后按要求操作：左手持话筒，右手准确拨号。

（三）礼貌问候并自报单位名称

（1）礼貌问候，问候语要符合时间、地点及通话对象的身份：问候语 + 部门 + 名字 + “请问有什么可以帮您？”

（2）询问对方身份，清楚地表明自己的身份。

（3）如拨错电话，真诚地向对方道歉。

（4）如所找对象不在，应主动留下自己的姓名及联系方式，并致谢委托人。

（四）确认对方为所需的通话者

（1）确认对方是自己要找的通话人。

（2）对相识的人，简单问候之后便可谈主题；对不相识的人，先讲明自己的身份、说明来电的主要目的，再谈问题。

（五）热情应答沟通以达成共识

（1）清楚地说明事务要点，征询意见，达成共识。

（2）需谈论机密或敏感话题时，先问对方谈话是否方便。

（3）交谈中如有急事需要马上处理，应礼貌告知对方，以免误解，未讲清的事要再约时间并履行诺言。

（六）礼貌结束等候对方先挂机

使用礼貌用语来结束通话，向对方表示诚挚的谢意，等候对方先挂机再轻轻挂上电话。

（七）整理客人资料与通话要点

通话结束后应整理通话记录、注明接听人及时间，形成文字资料。

延伸阅读

打电话的三要素

打电话的三要素：

其一，时空适宜（在何时与何地的人通话多长时间）；

其二，通话状态（通话时的态度、语言、表情、姿态）；

其三，通话目的（通话的内容与欲达到的目的）。

任务评价

序号	评价项目	评价标准	评价结果			
			优	良	合格	不合格
1	流程	按拨打流程规范操作				
2	语言	使用规范的语言				
3	应变	对情况的应变处理				
4	语音	语调柔和、音量语速适中				
5	微笑	保持平和心境与微笑				
6	仪态	端庄、优雅的仪态				

任务练习

一、实操练习

（1）小组活动

学生按 8 人一组在学校实训室进行拨打电话的礼仪训练，每两人轮换扮演饭店服务员与客人，来完成拨打电话服务，组内进行评议。

（2）小组活动完成后，选出优胜者在班内演示，全班参与任务评价，老师点评，每人写出实训小结。

（3）拨打电话服务情境实训

去话方：饭店前台预订员李小姐

受话方：饭店预订客人某学校人事处周女士

事宜：周女士之前来电，上周预订的客房需提前两天入住，此事经预订部门处理后，现应给周女士回复预订变更落实情况。

二、试题练习

1. 填空题

（1）拨打电话前的准备工作有：备好________用具，拟好________要点，列出提纲、思考________方案。调整好情绪，选择适宜的通话地点与________，保持良好的精神状态，有礼有节地待客。

（2）先确认需拨打的号码，然后按要求操作：________手持话筒，________手准确拨号。

（3）结束后应整理________记录、注明接听人及时间，形成文字资料。

2. 判断题

（1）需谈论机密或敏感话题时，先问对方谈话是否方便。（　）

（2）如果拨错电话，应立即挂上电话。（　）

项目三 饭店书面语言礼仪

项目描述

书面语言是饭店服务人员与客人之间重要的沟通工具之一，在日常工作中书面语言的礼仪规范落实与否，直接关系着饭店的形象。

本项目由公务信函礼仪、电子邮件礼仪两个任务构成。每个任务包括任务的具体内容、操作程序与标准及礼仪要求、任务实训演练和对学生学习效果的评价，借此培养和提高学生的礼仪修养，使之能用规范的书面语言操作，从而让客人感受到员工的良好素质与饭店的服务品质。

学习目标

1. 能在职场中运用规范的书面语言树立礼仪形象；
2. 能在职场中按照公务信函语言的规范和要求完成服务；
3. 能在职场中按照电子邮件的规范和要求完成服务；
4. 培养和加强自身的岗位服务意识，提高礼仪修养。

任务1 公务信函礼仪

任务目标

- 能根据书信书写的基本格式和礼仪要求，完成饭店公务信函的撰写。

任务安全与其他注意事项

- 注意隐私的保护；
- 不能使用铅笔或红色的笔。

任务导入

某著名五星级豪华饭店将举办春季美食节，欲邀请长期与饭店有合作关系的某公司参加开幕活动，请按书信的格式拟写一封邀请函。那么，规范的公务信函是如何撰写的呢？

相关知识

在人际交往中，信函是一种应用极为广泛的书面交流形式，在饭店实际工作中扮演着举足轻重的角色。熟练掌握公务信函的书写和使用规范非常必要。

一、公务信函礼仪的基本要求

（1）礼貌（Courteous）：言辞礼貌。

（2）清晰（Clear）：表达清晰。

（3）完整（Complete）：内容完整。

（4）正确（Correct）：格式正确。

（5）简洁（Concise）：行文简洁。

二、公务信函撰写的基本格式（图 2–1）

公务信函一般由抬头、启词、正文、祝词、落款以及附言组成。

（1）抬头。它是对收件人的称呼，于信笺首行顶格书写，并且单独成行。

（2）启词。启词是正文之前的开场白。

（3）正文。正文是书信的主体部分，是写信者叙述的正事所在。

（4）祝词。祝词即写信者在笺文结尾向收信者所表达的祝愿、钦敬、勉慰之语。

（5）落款。落款包括署名和日期两部分。

（6）附言。附言是写信者对正文的补充。

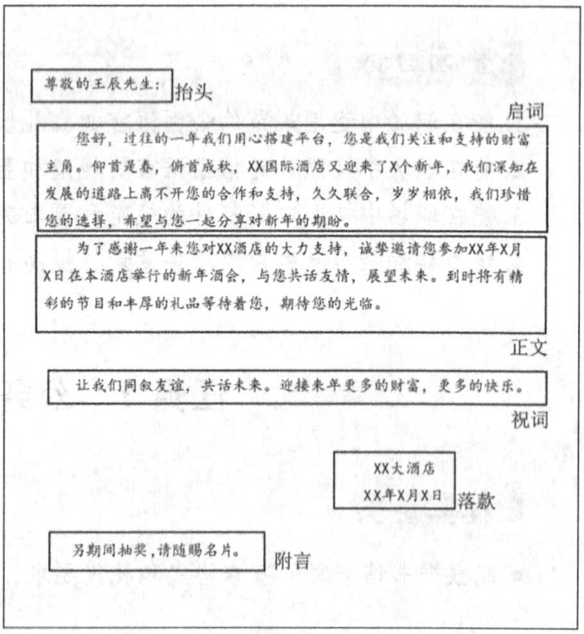

图 2–1　公务信函的基本格式

三、中文信函礼仪规范

（1）字迹端正清晰，易于辨认。不写错别字、错句。单字不成行，单行不成页。

（2）一页纸上至少有三分之一是话语长度跨两行以上的，不宜满页尽是长度不跨行的短句。

（3）礼仪性的贺信、邀请书等不宜太长，但不能少于100字，书写时亦应注意在整页纸上的合理布局，不能一页大纸上就两行小字，这既不美观于样式，又乏诚意于情分。

（4）不可用红墨水笔、红圆珠笔或铅笔写信。

（5）与境外汉语地区通信，要兼顾当地汉语书信的表达习惯。

（6）信笺折叠应是文字面朝外，收件人称呼朝外。信笺折叠宜简单地横竖对折，不宜折成燕子状、花瓣状，这种折叠法不宜用于工作信件，会影响工作信件的严肃性。

（7）信封使用要依照中国邮政的有关规定，不可随意印制或改制。信封书写也应按规定的规范行事。

（8）邮资要付足，不要寄欠资信，以免因退回补足邮资而造成时间上的延误；邮票贴法要规范，但勿与地址太近，以免盖邮戳时将门牌号码遮住，造成投递麻烦。邮资总付的信件，要与邮局相关部门妥善交接。航空信的标签要明显。

四、公务信函撰写的步骤及礼仪要求

（一）称呼

称呼是书信的开头，要顶格写，称呼后面要加冒号。一般可为：×× 先生 / 女士 / 同志，或 ××+ 职称 / 职务。称呼之前，可加适当的形容词，如“尊敬的”“敬爱的”等。称呼时避免指名道姓。

（二）问候（图 2–2）

正文之前的开场白，于抬头之下另行空两格书写，既可表示客气寒暄，也可提示写信原因。

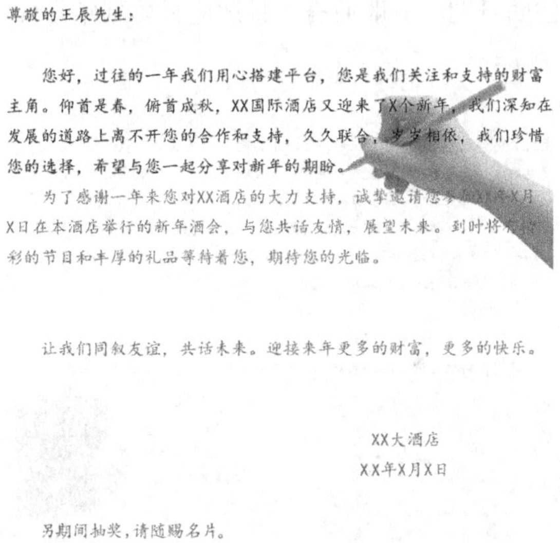

尊敬的王辰先生：

您好，过往的一年我们用心搭建平台，您是我们关注和支持的财富主角。仰首是春，俯首成秋，XX国际酒店又迎来了X个新年，我们深知在发展的道路上离不开您的合作和支持，久久联合，岁岁相依，我们珍惜您的选择，希望与您一起分享对新年的期盼。

为了感谢一年来您对XX酒店的大力支持，诚挚邀请您[illegible]X月X日在本酒店举行的新年酒会，与您共话友情，展望未来。到时将[illegible]彩的节目和丰厚的礼品等待着您，期待您的光临。

让我们同叙友谊，共话未来。迎接来年更多的财富，更多的快乐。

XX大酒店

XX年X月X日

另期间抽奖，请随赐名片。

图 2–2 问候

（三）正文

正文可以另起一行空两格写，也可以紧接问好的短句，应以简单的语言说全、说清书信的主旨，力求简明扼要。

（四）祝颂（图 2–3）

在结尾向收信者表达的祝愿、钦敬、勉慰之语。如应酬语（草此、肃此、敬此）；祝福语（敬颂春安、即颂大安、祝您成功），祝颂要诚恳。

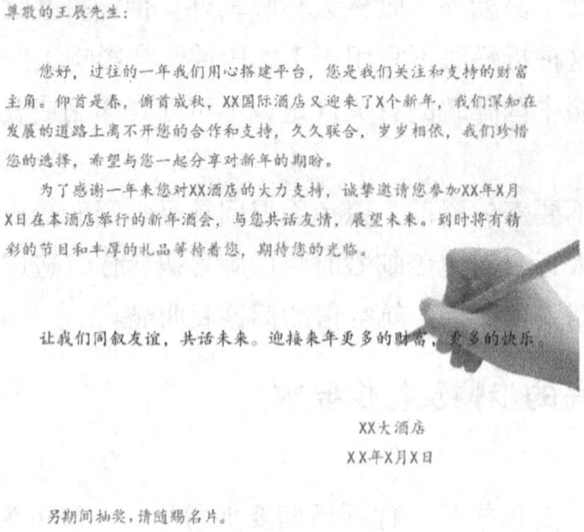
尊敬的王辰先生：

您好，过往的一年我们用心搭建平台，您是我们关注和支持的财富主角。仰首是春，俯首成秋，XX国际酒店又迎来了X个新年，我们深知在发展的道路上离不开您的合作和支持，久久联合，岁岁相依，我们珍惜您的选择，希望与您一起分享对新年的期盼。

为了感谢一年来您对XX酒店的大力支持，诚挚邀请您参加XX年X月X日在本酒店举行的新年酒会，与您共话友情，展望未来。到时将有精彩的节目和丰厚的礼品等待着您，期待您的光临。

让我们同叙友谊，共话未来。迎接来年更多的财富，更多的快乐。

XX大酒店

XX年X月X日

另期间抽奖，请随赐名片。

图 2–3　祝颂

（五）具名（图 2–4）

祝词之后在另起一行的右方具名，而在署名之后，有时还视情况加上“恭呈”“谨上”等，以示尊敬。具名要谦虚。

（六）日期（图 2–4）

署名之后或另起行注明日期。一般而言，日期应具体到年月日。日期要准确。

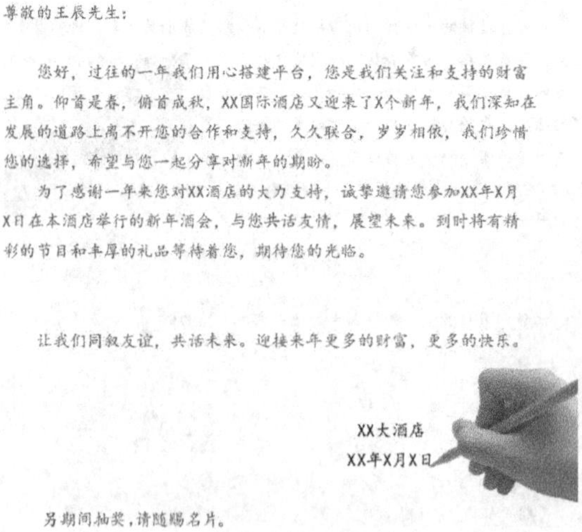
尊敬的王辰先生：

您好，过往的一年我们用心搭建平台，您是我们关注和支持的财富主角。仰首是春，俯首成秋，XX国际酒店又迎来了X个新年，我们深知在发展的道路上离不开您的合作和支持，久久联合，岁岁相依，我们珍惜您的选择，希望与您一起分享对新年的期盼。

为了感谢一年来您对XX酒店的大力支持，诚挚邀请您参加XX年X月X日在本酒店举行的新年酒会，与您共话友情，展望未来。到时将有精彩的节目和丰厚的礼品等待着您，期待您的光临。

让我们同叙友谊，共话未来。迎接来年更多的财富，更多的快乐。

XX大酒店

XX年X月X日

另期间抽奖，请随赐名片。

图 2–4　具名、日期

（七）附言（图 2-5）

是写信者对正文的补充，以“又”“另”一类词引出，在署名与日期之后另起一行空两格书写，不必分段。附言力求简洁，无须另用信笺。

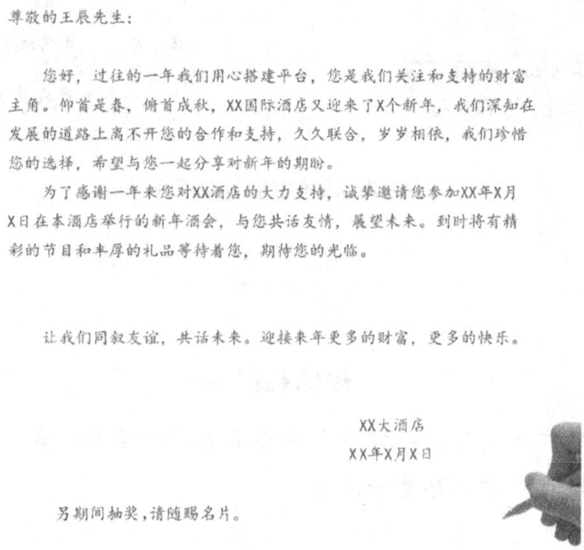
尊敬的王辰先生：

您好，过往的一年我们用心搭建平台，您是我们关注和支持的财富主角。仰首是春，俯首成秋，XX国际酒店又迎来了X个新年，我们深知在发展的道路上离不开您的合作和支持，久久联合，岁岁相依，我们珍惜您的选择，希望与您一起分享对新年的期盼。

为了感谢一年来您对XX酒店的大力支持，诚挚邀请您参加XX年X月X日在本酒店举行的新年酒会，与您共话友情，展望未来。到时将有精彩的节目和丰厚的礼品等待着您，期待您的光临。

让我们同叙友谊，共话未来。迎接来年更多的财富，更多的快乐。

XX大酒店

XX年X月X日

另期间抽奖，请随赐名片。

图 2-5　附言

（八）封文填写

国际书信封文填写（图 2-6）。

寄往国外的书信封文写作须用寄往国家的文字（或英文）书写；封文左上方依次写发信人的姓名、地址（包括邮政编码）、国名；右下方依次写收信人的姓名、地址（包括邮政编码）、国名；右上角贴邮票；书写地址时应自小而大。

图 2-6　国际书信封文填写

国内书信封文填写（图 2-7）。

在左上角写清收信者所在地的邮编。

另起一行书写收信人的详细地址。

信封的正中央应以稍大字体书写收信者姓名。

寄信者的地址、姓名（有时可只写姓氏）以及邮编应写于信封的右下方。

书写清晰工整，横式信封的邮票应贴在右上角。

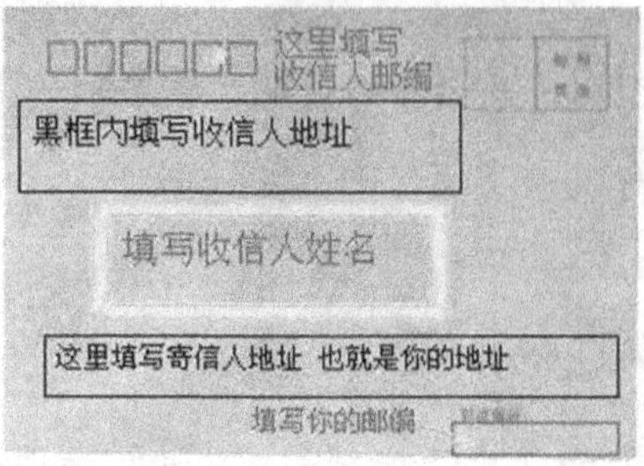

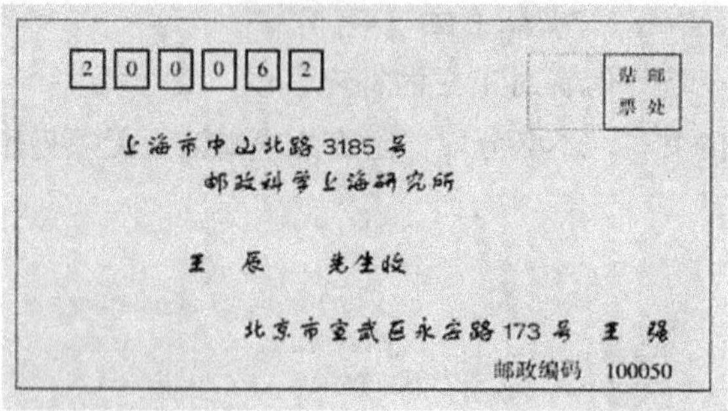

图 2-7 国内书信封文填写

延伸阅读

短信礼仪

近些年随着短信的广泛使用，短信也成为公务沟通的重要形式，其使用频率甚至超过邮件。发送时应该体现对对方的尊重和体贴。

短信礼仪原则。

（1）短信内容的表达要清楚有序。一条短信有字数限制，因此很多人发短信时由于懒得多打字或多发条信息而把一件事情浓缩成一条短信或一条特别简短的信息，这样会使对方不理解短信或歪曲信息的内容。

（2）发短信一定要署名。公务短信署名是起码的礼节，要有头有尾，既有称谓也有署名，体现对对方的重视。

（3）注意时间和场合发短信。

（4）提醒对方最好用短信。如果事先已经与对方约好参加某个活动，为了怕对方忘记，最好事先再提醒一下。提醒时适宜用短信而不要直接打电话，打电话似乎有不信任对方之嫌，短信就显得非正式而且亲切得多。短信提醒时语气应当委婉，不可生硬。

（5）有些重要电话可以先用短信预约。有时要给身份高或重要的人打电话，知道对方很忙，可以先发短信“有事找您，是否方便给您打电话？”如果对方没有回短信，一定不是很方便，可以在等候一段时间后再拨打电话。

（6）回短信要及时。很多时候，发个短信给对方，对方会等几个小时甚至几天回你的短信， 假如你遇见这样的情况，心里舒服吗？如果正在忙，那可以利用手机短信的快速回复功能回复“正在忙”，如果连这点时间也抽不出，过后回短信时应该加以说明并说声抱歉，这样才能让对方理解。

任务评价

序号	评价项目	评价标准	评价结果			
			优	良	合格	不合格
1	称呼	称呼合适				
2	格式	格式完整				
3	行文	简明扼要、清晰有礼				
4	封文	封文填写准确				

任务练习

一、实操练习

每位同学根据前面任务导入的情境，按书信的格式及撰写步骤拟写一封邀请函。

二、试题练习

1. 填空题

（1）公务信函的 5 大要求是________、________、________、________、________。

（2）信函格式一般包括________、________、________、________、________、________。

2. 单项选择题

（1）信的开头都应有（　　）。

A. 问候语　B. 姓名　C. 抬头　D. 信内地址

（2）在书信中，最重要的部分是（　　）。

A. 称呼　B. 祝颂语　C. 正文　D. 具名

3. 多项选择题

（1）不可用打字机，而要用手写的信函有（　　）。

A. 祝贺信或感谢函　B. 慰问信

C. 商业信　D. 邀请信及其回函

（2）下列各项中是祝颂语的有（　　）。

A. 此致敬礼　B. 祝新婚愉快　C. 敬祝安好　D. 祝你进步

E. 祝新年好

4. 判断题

（1）抬头是对收件人的称呼，于信笺首行顶格书写，写成两行。（　）

（2）启词是正文之前的开场白。（　）

（3）落款包括署名和日期两部分。（　）

（4）商务信函可以尽量使用“：)”之类的笑脸字符，显得比较礼貌。（　）

任务 2　电子邮件礼仪

任务目标

- 掌握发送电子邮件的基本格式和礼仪要求；
- 能根据电子邮件的基本礼仪要求，完成饭店电子邮件的发送。

任务安全与其他注意事项

- 注意用电安全；
- 注意隐私的保护。

任务导入

某著名五星级豪华饭店将举办春季美食节，请将饭店本次美食节开幕活动的日程和工作安排用电子邮件分发给饭店相关职能部门。那么，如何按照规范的礼仪要求发送电子邮件呢？

相关知识

电子邮件（E-mail）是饭店与客户沟通的重要方式。遵守电子邮件规范及礼仪要求不仅是对客户的尊重，也体现自身的职业素养。

一、电子邮件的使用规范

（1）电子邮件应当精心构思，认真撰写，要主题鲜明，语言流畅，内容简洁。

（2）电子邮件应当避免滥用。如无必要，不要轻易向他人乱发电子邮件。

（3）收到他人的重要电子邮件后，应即刻回复对方，不能置之不理或是迟迟不回。

（4）电子邮件应当慎选功能，不要做过多修饰，以免人为增大容量，浪费时间。

二、电子邮件的基本格式（图 2–8）

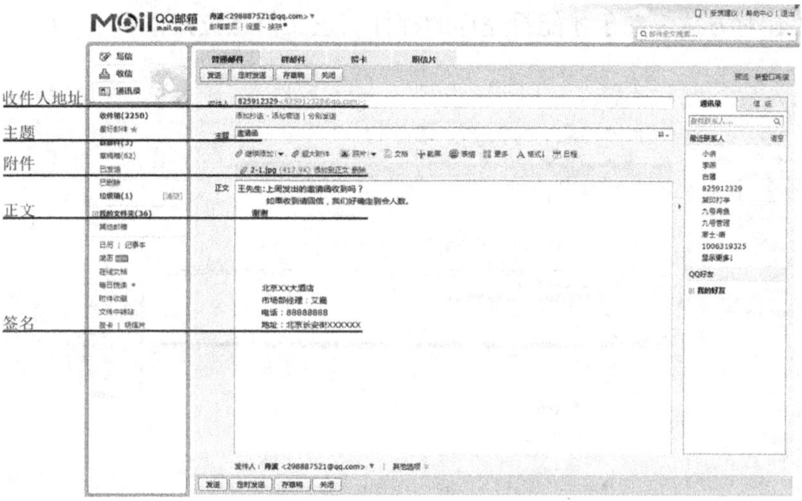

图 2–8　电子邮件的基本格式

三、发送电子邮件的操作步骤及礼仪要求

（一）准备

确认需要发送的文件是否正确，确认存放的位置。

（二）主题（图 2–9）

主题要提纲挈领：添加邮件主题是电子邮件和信笺的主要不同之处，在主题栏里用短短的几个字概括出整个邮件的内容，便于收件人权衡邮件的轻重缓急，分别处理。主题应恰当。

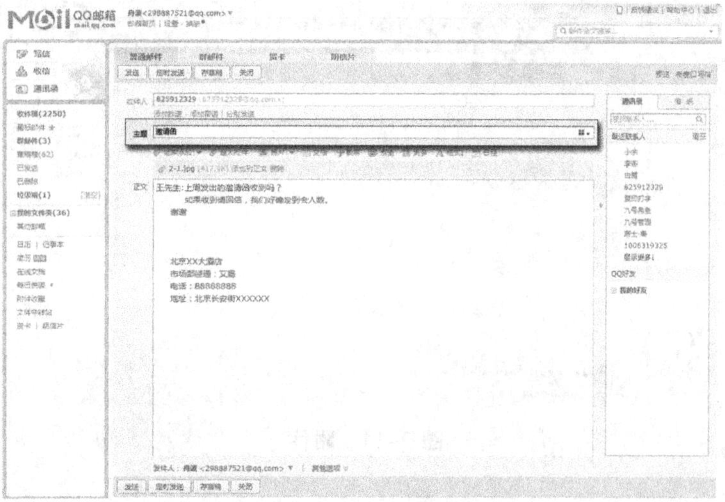

图 2–9　主题

（三）正文（图 2–10）

正文行文应通顺，多用简单词汇和短句，准确清晰地表达，不要出现晦涩难懂的语句。最好不要让对方拉滚动条才能看完你的邮件。正文信息应完整。

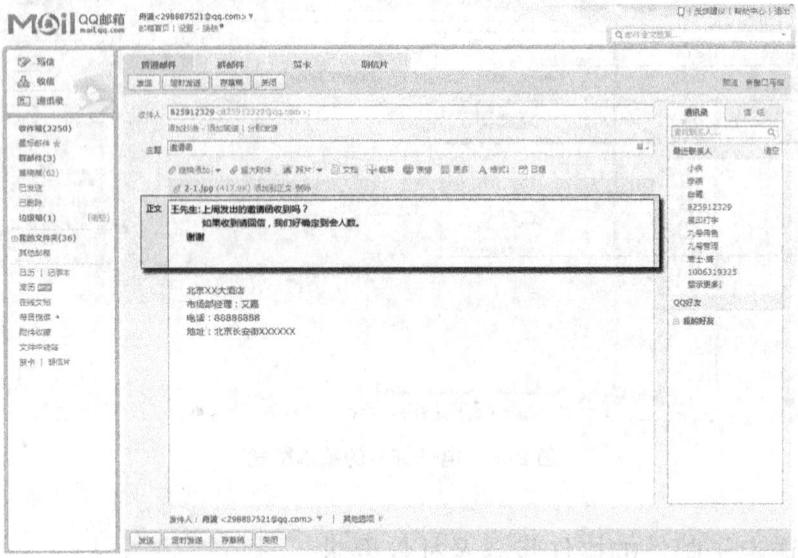

图 2–10　正文

（四）附件（图 2–11）

上传准确。

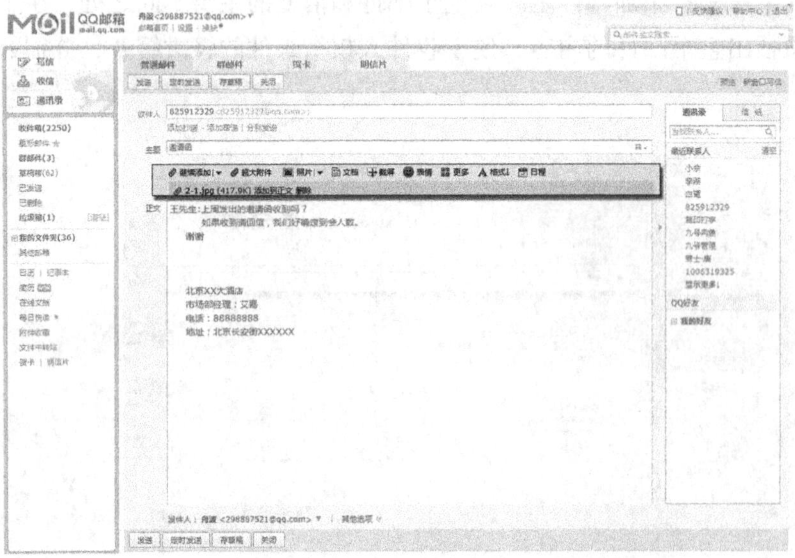

图 2–11　附件

（五）签名（图 2–12）

签名应包含姓名、职务、公司、电话、地址等信息。签名信息要完整。

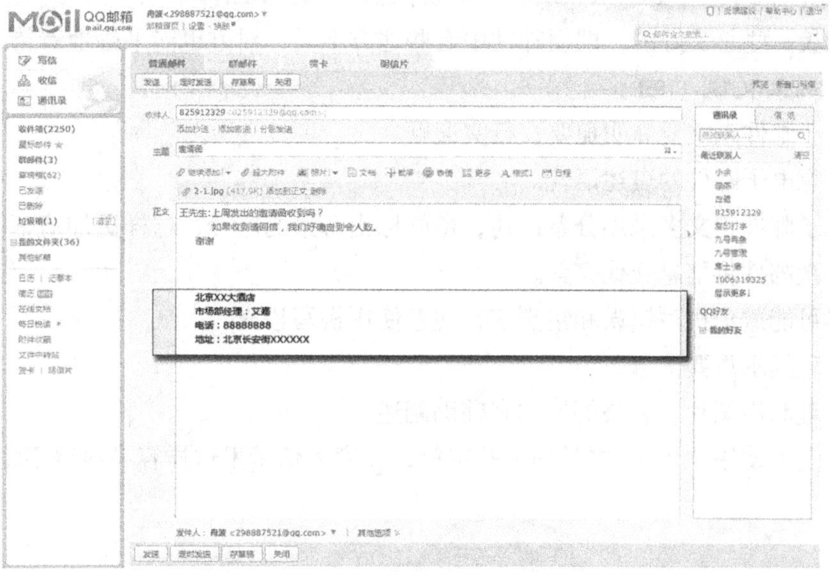

图 2–12　签名

（六）发送

要区分 To 和 CC 还有 BCC，即区分收件人、抄送人、密送人。

四、电子邮件的礼仪要求

（一）主题礼仪

主题是接收者了解邮件的第一信息，因此要提纲挈领，使用有意义的主题，这样可以让收件人迅速了解邮件内容并判断其重要性。简言之，简单明了的主题，可以让收件人迅速了解邮件内容并判断其重要性。

（1）邮件主题空白是失礼的。

（2）主题要简明扼要，不宜冗长。

（3）主题要体现邮件内容和重要性，含混不清是不可取的。

（4）一封邮件尽可能针对一个主题，便于客人整理。

（5）应根据需要拟定回复邮件的标题，简单的“Re + 原主题”有欠妥当。

（二）称呼与问候礼仪

1. 恰当地称呼收件者，拿捏好尺度

（1）对方有职务，应按职务尊称对方，如“× 经理”；

（2）不清楚职务，则应按通常的“× 先生”“× 小姐”称呼，但要把性别先搞清楚；

（3）不熟悉或级别高于自己的人不宜直接称呼英文名，称呼全名也是不礼貌的；

（4）不要和谁都用“Dear ××”，显得过于熟络。

2. 电子邮件开头结尾最好要有问候

（1）“Hi，您好！”“Best Regards”“顺祝商祺”“祝您工作顺利！”

（2）礼貌一些总是好的，即便邮件中有些地方不妥，对方也能平静地看待。

（三）正文礼仪（图 2-13）

（1）电子邮件正文要简明扼要，行文通顺。

（2）注意电子邮件的表述语气。

（3）电子邮件正文多采用分条论述，最好标出每条的序号，这样更加清晰明确。

（4）一次邮件将信息交代完整。

（5）尽可能避免拼写错误和错别字，注意使用拼写检查。

（6）合理提示重要信息。

（7）合理利用图片、表格等形式来辅助阐述。

（8）尽量不使用“：)”之类的笑脸字符，在商务信函里这样容易显得不稳重。

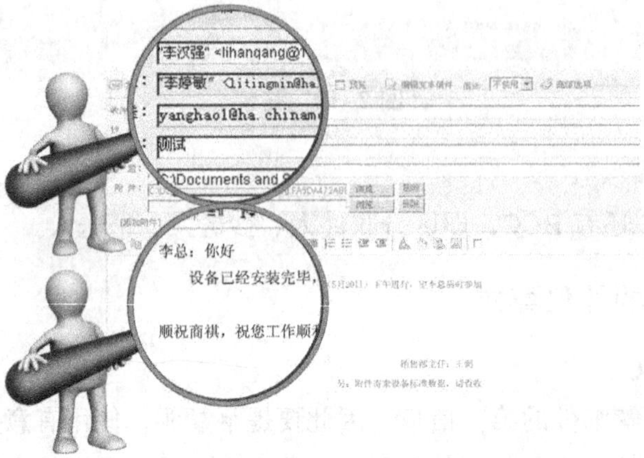

图 2-13　正文礼仪

（四）附件礼仪

（1）在正文中提醒收件人查看附件。

（2）附件文件应以有意义的名字命名，不可用收件人看不懂的文件名。

附件不宜超过 2MB，否则应分割成几个小文件分别发送。

（五）语言的选择

（1）只在必要的时候才使用英文邮件。

①如果收件人中有外籍人士，应该使用英文邮件交流；

②如果收件人是其他国家和地区的华人，也应采用英文。

（2）尊重对方的习惯，不主动发起英文邮件交流。收到英文邮件，应用英文回复。

（3）对于一些信息量丰富或重要的邮件，建议使用中文。

（4）选择便于阅读的字号和字体。

（六）结尾签名礼仪

（1）签名信息除姓名、职务、公司、电话、地址等不宜包含过多信息，一般不超过4行。

（2）签名档文字应与正文文字相匹配：简体、繁体或英文三种文体，只能选择同一种，以免出现乱码；签名字号一般应选择比正文字号小一些（如正文是五号，签名最好是小五号）。

（七）回复礼仪（图 2–14）

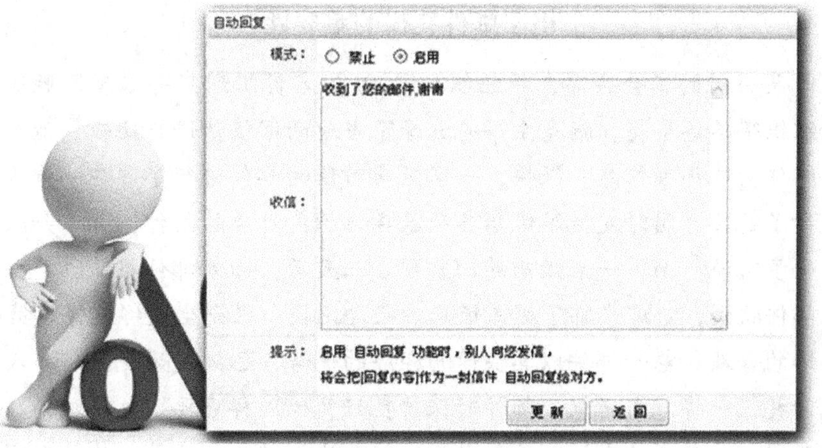

图 2–14　回复礼仪

（1）及时回复电子邮件。

①客人的重要邮件，2 小时内回复；紧急邮件，即刻回复；可延后的邮件集中回复，但不宜超过 24 小时。

②如果事情复杂，无法确切回复，及时告知客人：邮件已收到，正在处理，一旦有结果立即回复。

③出差或休假前设定邮箱自动回复功能，提示发件人，并且回复设定准确。

④回答客人咨询，把相关问题复制粘贴到回件中，然后说明。

⑤不宜就同一问题多次反复讨论。如果双方就同一问题反复交流超过 3 次，说明沟通不畅，应考虑电话等其他方式沟通。

（2）进行针对性回复。

（3）回复不少于 10 个字。

（4）要区分 Reply 和 Reply All（即区分“单独回复”和“回复全体”）。

（5）主动控制邮件的往来，如你的邮件无须回复，应在结尾说明。

（6）注意区分 TO、CC、BCC（即区分“收件人”“抄送人”“密送人”）。

① TO 的人：受理并响应邮件。

②CC 的人：知会邮件事项，没义务回复，可以发表意见。

③BCC 是密送人：在 TO 的人不知道的情况下，收到邮件的人。

④TO 及 CC 中各收件人的排列应遵循一定的规则。比如按部门排列，按职位等级从高到低或从低到高排列都可以。

⑤只给需要信息的人发送邮件，不要占用他人的资源。

⑥转发邮件要突出信息。

延伸阅读

电子邮件礼仪的重要性

张先生是某公司的工会主席，将组织公司 30 多名员工到某著名度假胜地旅游。为了将这次活动组织得尽善尽美，张先生事先选择了当地两家饭店进行比较，他分别给两家饭店发送电子邮件索取详细信息。很快，一家饭店对他的邮件进行了回应，就张先生需要索取的信息进行了解答，同时发送了饭店各项服务详细价目单的附件，并告知张先生联系电话，希望进一步交流。而另一家饭店的回复则在三天后，回复邮件极简单：章先生（应该是张先生）邮件收到，欢迎光临下榻本饭店。经过比较，张先生最终选择了第一家饭店。

随着网络的普及，电子邮件以其快速而经济的优势，已经成为越来越多人选择的联络方式。与电话礼仪一样，发送电子邮件时保持良好礼仪同样重要。电子邮件与电话交流和面对面交流不同，你单击“发送”按钮之后，就无法调整你的意见。收件人阅读你的邮件时，你无法了解他的反应。因此，需要在第一时间保证其正确，否则可能会流失客户。

任务评价

序号	评价项目	评价标准	评价结果			
			优	良	合格	不合格
1	准备	准备充分，安排合理				
2	主题	提纲挈领、简单明了				
3	正文	行文通顺、信息完整				
4	附件	上传准确				
5	签名	签名信息完整				
6	发送	正确区分 TO、CC、BCC				

任务练习

一、实操练习

某著名五星级豪华饭店将举办春季美食节，每位同学请将饭店本次美食节开幕活动的日程和工作安排按发送电子邮件的礼仪规范分发给饭店相关职能部门。

（1）确定应发送的部门和邮箱。

（2）简单拟写一份美食节开幕活动的日程及工作安排存放于电脑。

（3）将存于电脑中的文档按规范发送到相关邮箱。

二、试题练习

1. 填空题

（1）在电子邮件中 TO 代表 ________，CC 代表 ________，BCC 代表 ________。

（2）主题是接收者了解邮件的第一信息，因此要 ________，使用有意义的主题，这样可以让收件人迅速了解邮件内容并判断其重要性。

2. 不定项选择题

（1）在使用电子邮件时，及时回复十分重要，一般回复时间不超过（　　）。

A. 2 小时　　B. 12 小时　　C. 24 小时　　D. 48 小时

（2）收发电子邮件不太合适的行为有（　　）。

A. 用稀奇古怪的字体或斜体　　B. 长篇大论

C. 回复不及时　　D. 插入过多的图片

（3）电子邮件末尾加上签名档是必要的，签名档可包括（　　）。

A. 姓名　　B. 职务　　C. 公司、电话　　D. 地址

3. 简答题

电子邮件的使用要注意哪些礼仪规范？

模块三
试题练习答案

模块三

饭店各岗位服务礼仪

饭店的基本功能是向客人提供食宿，满足其旅居生活的基本需要。饭店每个岗位的员工都应向客人表示尊重和友好，各岗位运转好坏直接影响饭店服务质量、经营效益、管理水平和市场形象。本模块包括五个项目。希望通过本模块的学习，能使饭店服务人员在不同岗位上为宾客提供规范、标准的礼仪服务，提升饭店员工的职场素养和饭店形象。

任务导读

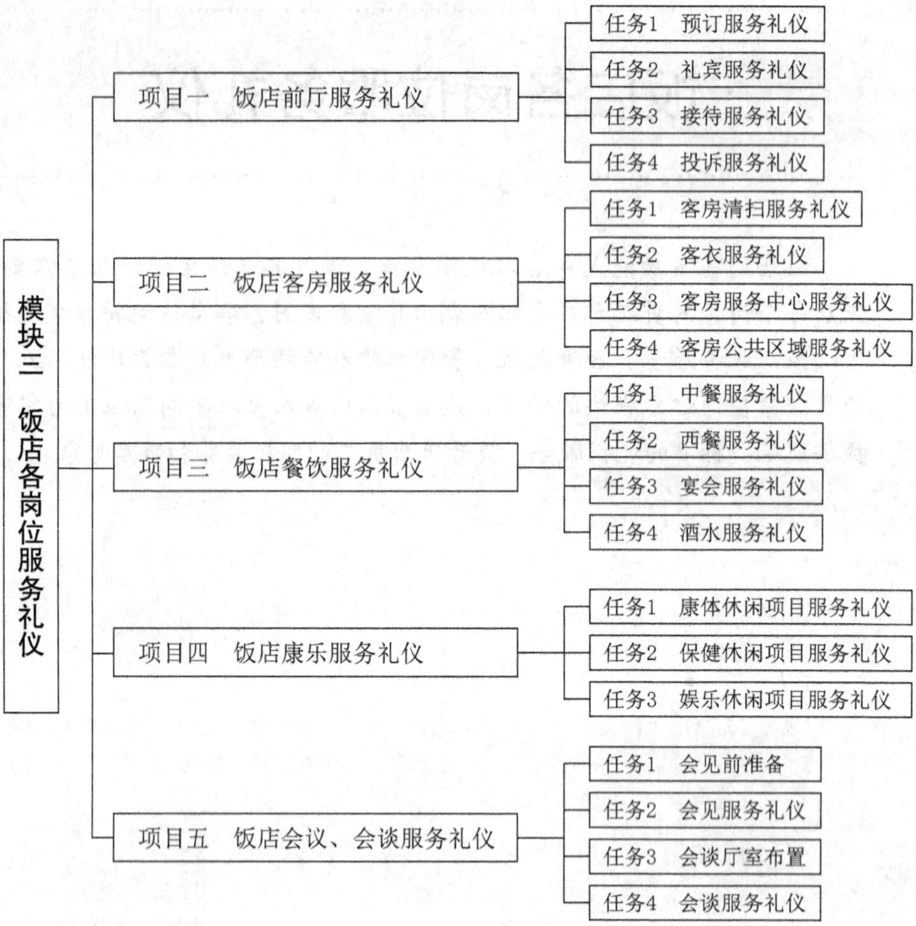
模块三 饭店各岗位服务礼仪
项目一 饭店前厅服务礼仪
任务1 预订服务礼仪
任务2 礼宾服务礼仪
任务3 接待服务礼仪
任务4 投诉服务礼仪
项目二 饭店客房服务礼仪
任务1 客房清扫服务礼仪
任务2 客衣服务礼仪
任务3 客房服务中心服务礼仪
任务4 客房公共区域服务礼仪
项目三 饭店餐饮服务礼仪
任务1 中餐服务礼仪
任务2 西餐服务礼仪
任务3 宴会服务礼仪
任务4 酒水服务礼仪
项目四 饭店康乐服务礼仪
任务1 康体休闲项目服务礼仪
任务2 保健休闲项目服务礼仪
任务3 娱乐休闲项目服务礼仪
项目五 饭店会议、会谈服务礼仪
任务1 会见前准备
任务2 会见服务礼仪
任务3 会谈厅室布置
任务4 会谈服务礼仪

项目一 饭店前厅服务礼仪

项目描述

前厅是饭店的信息中心、神经中枢，承担着推销客房和其他服务与产品的职责，是饭店建立良好宾客关系的主要部门，是留给宾客第一印象和最后印象的地方，是饭店营业的窗口，反映着饭店的整体服务质量。该项目由预订服务礼仪、礼宾服务礼仪、接待服务礼仪、投诉服务礼仪四个任务构成。每个任务包括任务的具体内容、操作程序与标准及礼仪要求、任务实训演练和对学生学习效果的评价。学习的目的是在前厅服务接待中培养和提升前厅服务人员自身的礼仪意识和素养。

学习目标

1. 能在前厅服务中按照服务礼仪要求进行预订服务；
2. 能在前厅服务中按照服务礼仪要求进行礼宾服务；
3. 能在前厅服务中按照服务礼仪要求进行接待服务；
4. 能在前厅服务中按照服务礼仪要求进行投诉服务。

任务 1　预订服务礼仪

任务目标

- 能在预订服务中体现礼仪要求；
- 能体现前厅预订员的礼仪规范、标准。

任务安全与其他注意事项

- 身体状态良好，精神饱满；
- 面带微笑，礼貌用语规范。

任务导入

某天，南京金陵饭店前厅部的客房预订员小王接到一位美国客人从上海打来的长途电话，想预订每间每天收费在120美元左右的标准双人客房两间，3天以后住店。

小王马上查阅了一下订房记录表，回答客人说，由于3天以后饭店要接待一个大型国际会议，有几百名代表，标准间客房已经全部订满。小王讲到这里并未就此把电话挂断，而是继续用关心的口吻说："您是否可以推迟两天来，要不然请您直接打电话与南京×××饭店联系，如何？"

美国客人说："南京对我们来说，人生地不熟，你们饭店名气最大，还是希望你给想想办法。"

小王暗自思量后，感到应该尽量不使客人失望，于是用商量的口气说："感谢您对我们饭店的信任，我们非常期盼接待你们一行。请不要着急，我很愿意为您效劳。我建议您和朋友准时前来南京，先住两天我们饭店的豪华套房，在套房内可以眺望紫金山的优美景色，室内有红木家具和古玩摆饰，提供的服务也是上乘的，每套每天也不过收费280美元，相信一定会令你们满意。"

小王讲到这里，故意停顿一下，以便等待客人的回话。对方沉默了一会儿，似乎犹豫不决，小王又趁势诱导："我想您不会单纯计较房价的高低，而是在考虑这种套房是否物有所值。请告诉我您什么时候以哪种交通方式来南京，我们将派车来接，到店以后我一定陪您和您的朋友先参观一下套房，然后您再作决定也不迟。"

美国客人听小王这么讲，一时倒有些难以拒绝，最后欣然答应先预订两天豪华套房。

相关知识

旅游者外出旅游的首要前提是什么？肯定是安全。预订是给宾客创造安全感最有效的方法。为了不让宾客遭遇酒店客满的风险和确保客房预订工作的高效运行，酒店前厅部应建立健全预订程序，注重预订礼仪，确保宾客预订的准确性和满意度。

一、面谈预订服务礼仪

面谈预订程序与标准及礼仪要求如下。

（一）迎宾

1. 微笑迎宾

预订宾客来到前台预订处，预订员在与客人目光接触的瞬间，向宾客微笑致意。微笑致意要做到三米六齿。所谓三米六齿，就是当宾客距离你三米时，你要进入准备状态。当目光与客人接触的瞬间，要目视对方露出微笑。微笑时露出6~8颗上前牙。

2. 微笑服务标准及操作方法

上唇露出上前牙和牙颈部牙龈的75%~100%；嘴角比上唇中部的下界要高；上前牙的

切端线平行于下唇的上界。微笑需要目光与点头的配合。

3. 问候礼

（1）问候礼的分类。从分类来说，问候可以分为：标准式问候和时效式问候。（2）问候礼的顺序：一般情况下，身份较低者应主动问候身份较高者。有时候需要问候一群人，可以采用以下三种方法。第一种，由尊而卑法。即按照礼仪一般惯例，先问候身份高者，再问候身份低者。第二种，由近而远。即先问候离自己近的，再由近而远依次问候。第三种，一并问候。不具体到某个人，一并向对方表示问候。（3）问候礼服务标准和操作方法如下。问候时保持正确站立姿势，两腿并拢。简练、规范、热情、友善、大方。在问候前，加上适当的尊称。例如“小姐您好！这里是预订处，请问需要帮助吗？”“先生下午好！这里是预订处，请问需要预订吗？”（4）问候对方时应注意五个问题。第一，规范内容。采用标准式问候或时效式问候。第二，重视态度。正视对方双眼，全神贯注；不允许目视他处或不正视对方。第三，声音清晰、响亮、爽朗，切忌含糊不清或用词不当。第四，面露微笑，真心诚意。不允许面无表情或充满敌意。第五，问候讲究顺序。

（二）询问需求并记录

礼貌询问预订要求、姓名及英文拼写；并认真记录。

（三）客房推销

（1）主动介绍客房种类和房价。讲究报价艺术，选择使用恰当的报价方式。

“夹心式”报价，亦称“三明治式”报价，即将房价夹在所提供的服务项目和利益中间进行报价，以减轻价格的分量。例如“一间朝向美丽湖泊的宽敞房间，价格为800元，该房价还包括一份美式早餐、服务费以及一张免费西服熨烫单……”“夹心式”报价适合中、高档客房，要针对消费水平高、有一定地位和声望的客人。

“鱼尾式”报价，即先介绍所提供服务设施项目以及客房特点，最后报出房价，突出物美特点，减弱价格对客人的影响。这种报价适合中档客房。

“冲击式”报价，即报价格，再提出房间所提供的服务设施与项目等，这种报价适合价格较低的客房，主要针对消费水平较低的客人。

“利益引诱法”，该方法是针对已订过房的客人而言，当客人所预订的房价较为低廉，在入住登记时，前台接待员可抓住二次销售机会，建议客人在原价基础上稍微提高预算，即可获得更多好处或优惠。“先生您订的标准间房价是260元，但如果您多付40元，就可以入住行政房，该房远离电梯，位于走廊尽头，非常安静，还带按摩浴室。”多说行政房的优点，会让客人觉得即使多付40元也是非常值得的。

（2）用建议来代替拒绝。

（3）询问公司详情，确定优惠政策。

（4）如客人对客房有疑虑，应主动展示客房宣传册、图片或带宾客到客房实地参观。

（四）询问相关事宜

（1）询问付款方式，在预订单上注明。做好付款担保。

（2）询问抵达航班及时间。向宾客说明无确切抵达时间和航班的，酒店将保留房间到入住当天18：00。

（3）如果不能确认抵达具体时间，宾客又希望有房间入住，建议宾客采用确认性或保证性预订。

（4）避免向客人做具体房号的承诺，以防万一情况变化失信于客人。

（5）询问预订委托人情况。

（五）询问特殊要求

详细记录特殊要求，保证面谈预订的准确性。

（六）复述

清楚复述预订内容。若对宾客所提的预订要求能够受理确认，则应做好完整记录，并在通话结束前重复其预订内容，以免出差错。例如“周女士，请允许我重复您的预订内容。您订的是从6月5日到6月10日的商务套房一间，请您核实。”

（七）道别

感谢宾客预订，如“感谢您的预订，真诚恭候您的光临。”

（八）填单存档

将预订信息录入电脑并存档。

二、电话预订服务礼仪

电话预订程序与标准及礼仪要求如下。

（一）接电话

（1）通话时表达必须清楚，语速适中，有礼貌，向宾客传递准确信息。

（2）通话时要面带微笑，并且要把微笑通过你的声音传递给宾客。通常宾客会通过你接听电话的方式和声音来决定是否入住本酒店。

（3）电话铃响三声内，应迅速接听，以电话铃响二到三声接听为宜。左手拿起听筒回复，“您好，××酒店预订部”。

（4）若电话铃响过三声接听，应首先向宾客致歉，说“对不起，让您久等了”。

（二）听

应善于仔细聆听。只有会听，才能准确领会、理解宾客的订房需求。

（三）询问并记录

（1）询问预订要求、姓名及英文拼写。

（2）认真记录。若有外宾预订，则应请对方拼写姓名。

（四）客房推销

（1）主动介绍客房种类和房价。具体方式同“面谈预订服务礼仪（三）客房推销”。

（2）用建议来代替拒绝。

（3）询问公司详情，确定优惠政策。

（五）询问相关事宜

（1）询问付款方式，在预订单上注明，做好付款担保。

（2）询问抵达航班及时间。向宾客说明无确切抵达时间和航班的，酒店将保留房间到入住当天 18：00。

（3）如果不能确认抵达具体时间，宾客又希望有房间入住，建议宾客采用确认性或保证性预订。

（4）若对宾客所提出的预订不能及时答复，应请对方留下电话号码，并确定再次通话时间。

（5）避免向客人做具体房号的承诺，以防万一情况变化失信于客人。

（6）询问预订代理人情况。

（六）询问特殊要求

详细记录特殊要求，保证电话预订的准确性。

（七）复述

清楚复述预订内容。若对宾客所提预订要求能够受理确认，则应做好完整记录，并在通话结束前重复其预订内容，以免出差错。例如"王先生，请允许我重复您的预订内容。您订的是从 6 月 1 日到 6 月 5 日的商务套房一间。请你核实。"

（八）道别

感谢宾客预订，例如"感谢您的预订，恭候您的光临。"通话结束时，应等候宾客先挂电话，随后预订员再轻轻放下话筒。

（九）填单存档

将预订信息录入电脑并存档。

延伸阅读

信函传真预订

1. 信函预订

（1）收到预订信函后，首先应进行分类（信函、电传、传真等）；

（2）判断受理或婉拒预订；

（3）24 小时内给予确切答复（迅速及时、慎重准确是处理函电预订的关键）；

（4）填写预订单；

（5）资料存档。

2. 传真预订

（1）收到客人的预订传真；

（2）查阅预订控制表，以确定能否受理；

（3）确认或婉拒客人；

（4）预订主管签名认可；

（5）回传真；

（6）资料存档。

任务评价

序号	评价项目	评价标准	评价结果			
			优	良	合格	不合格
1	迎宾	积极主动、热情礼貌、面带微笑、使用敬语				
2	问候	问候内容规范、态度真诚、声音适度、讲究顺序				
3	面谈预订礼仪	能在面谈预订服务中体现礼仪规范和标准				
4	电话预订礼仪	能在电话预订服务中体现礼仪规范和标准				
5	道别	能用礼仪规范和标准与客人道别				

任务练习

一、实操练习

（1）按照饭店前台面谈预订服务情境进行对话并练习。

按要求认真练习面谈预订程序和标准，尤其注意在面谈预订过程中的服务礼仪。

可以是教师与学生间的角色扮演，也可以是学生相互间的角色扮演。

学生、教师共同交流面谈预订中的服务礼仪要求。

实操后参与任务评价，写成实训小结。

（2）按照饭店前台电话预订服务情境进行对话并练习。

以小组模拟形式，重现任务导入中客房预订员小王与美国宾客电话预订的全过程。要求以相关知识中讲解到的电话预订服务礼仪进行全过程演练。

可以是教师与学生间的角色扮演，也可以是学生相互间的角色扮演。

学生、教师共同交流电话预订中的服务礼仪要求。

实操后参与任务评价，写成实训小结。

二、试题练习

1. 填空题

（1）问候礼分为 ________ 问候和 ________ 问候两类。

（2）面谈预订和电话预订都要避免向客人做 ________ 的承诺，以防万一情况变化失信于客人。

2. 简答题

（1）何谓三米六齿?

（2）问候礼的一般顺序如何?需要问候一群宾客时，可以采用哪三种方法问候?

3. 案例分析

某宾客致电某饭店预订处询问有无单人房，预订员见电脑中无干净单人房，即告诉客人没有房间了，但当时有未清洁的单人客房和几间未抵房。

请问：

（1）预订员操作中有哪些不到位的地方?

（2）针对该案例，如果你是预订员应如何推销客房?

任务 2　礼宾服务礼仪

任务目标

- 能在礼宾服务中体现礼仪要求；
- 能体现前厅礼宾服务的礼仪规范和标准。

任务安全与其他注意事项

- 身体状态良好，精神饱满；
- 面带微笑，礼宾服务彬彬有礼。

任务导入

一家饭店的门厅应接员小李正在引导一辆车子，刚安排妥当，突然一辆白色轿车娴熟地停在回车道上。小王走到车子旁边，彬彬有礼地对驾驶员说："先生，您的倒车技术真棒，既快又准，我从没见过像您技术这么好的。"小王的话使这位宾客脸上露出了得意的表情。小王又接着说："对不起，还得请您帮个忙，把车停到那边去可以吗?这里车来车往，容易擦伤您的爱车。"宾客愉快地接受了建议，迅速将车停到了指定位置。

相关知识

走进饭店大厅，宾客立刻会感受到热情而又彬彬有礼的礼宾服务。前厅礼宾服务岗位是能提供全方位"一条龙服务"的岗位。它的服务哲学是：尽管不是无所不能，但一定要竭尽所能。在国际上，礼宾服务被视为饭店个性化服务的重要标志，有人称它为“现代饭店之魂”。饭店礼宾服务能够为宾客提供一系列的服务，例如导车、开车门、迎送宾客及行李服务等。

一、门厅应接员服务礼仪

门厅服务程序与标准及礼仪要求如下。

门厅应接员，亦称门童或迎宾员，是代表饭店在大门口迎送宾客的专门人员，是饭店的形象代表之一，要始终保持服务热情，为饭店树立良好的形象。他负责迎送、调车、为上下车宾客开关车门，为宾客撑伞等工作；还要协助保安员、行李员开展工作；同时有义务认真回复宾客的询问。

（一）迎客服务

（1）通常门厅应接员站在大门的两侧或台阶下、车道边，站立时应挺胸颔首，手自然下垂或下握，两脚与肩同宽，精神饱满、热情有礼、动作迅速。

图 3-1　开车门，并为宾客护顶

（2）当有车辆接近酒店入口处或侧面入口处，上前为宾客开车门，并为宾客护顶，如图 3-1。如果前座和后座都有宾客或者看不清是否有宾客，应同时打开前后车门。用左手开启车门成 70 度左右，右手挡在车门上沿为宾客护顶，防止宾客碰伤头部，协助宾客下车。遇到信仰佛教和伊斯兰教的宾客，则不应为其护顶；优先为女宾、外宾、老人开车门；遇有行动不便的宾客，应扶助他们下车，并提醒注意台阶；若遇雨天，应为宾客提供撑伞服务，并礼貌地暗示宾客擦净鞋底后再进入大堂。

（3）面带微笑并问候宾客，伴以适当的手势。询问宾客是否有随身行李。例如，“早上好 / 下午好 / 晚上好，先生 / 女士 / 小姐欢迎光临 ×× 饭店。请问您有行李吗？”

（4）在宾客下车后，应轻轻关上车门。

（5）协助行李员卸行李，注意检查有无遗漏物品。

（6）通知行李员引领宾客到饭店大堂总台，办理入住登记手续。

（二）送客服务

（1）精神饱满地站在饭店大门一侧向宾客道别。询问宾客是否需要出租车。例如，“早上好 / 下午好 / 晚上好。先生 / 小姐，需要代订出租车吗？”

（2）帮助叫出租车，告诉司机宾客要到达的目的地，并把出租车车牌号写在酒店名片上，再递给宾客。

（3）协助行李员将行李装入汽车的后备厢，并请宾客再次确认。例如，“先生 / 小姐，您的行李都齐了吗？”

（4）打开车门，请宾客上车，为客护顶，等宾客坐稳后再关车门。切忌夹住客人的衣、裙等。

（5）站在汽车斜前方 0.8~1 米的位置，上身前倾约 15 度，目送宾客并道别。例如，“旅途愉快，先生 / 小姐。欢迎您下次光临！”

二、行李服务礼仪

行李员是为饭店住客提供行李服务的岗位，其工作岗位位于饭店大堂一侧的礼宾部。

（一）散客抵店行李服务程序与标准及礼仪要求

1. 迎宾欢迎

行李员向抵店宾客主动点头微笑以示欢迎。

2. 引导宾客至前台

（1）主动帮助宾客卸下行李，问清行李件数，同时记下宾客所乘到店车辆的车牌号码。

（2）引领宾客到前台办理入住手续。引领宾客时，应走在宾客的左前方，距离宾客二三步，随宾客步调走，在拐弯处或人多时，应回头招呼宾客。

（3）视行李多少，决定用手提或使用行李车；装运行李时要小心轻放，以免损坏宾客行李，不可用力过猛，不可用脚踢行李；装行李时应按小件、轻件、软件在上，大件、重件、硬件在下的原则装行李车；贵重物品、易碎品，如手提包、手提电脑、照相机等，应让宾客自己保管。装好的行李上要挂行李牌。

3. 看管行李并等候

（1）宾客办理入住手续时，行李员应手背后站在总台一侧，位于宾客身后约 1.5 米处，看管行李，等候宾客登记。

（2）永远不要让宾客的行李离开你的看管范围。

4. 登记结束，领取钥匙并带房

（1）在宾客登记完毕后，从接待员手中接过房卡，引领宾客进房。

（2）将确认好的房号写在行李牌上。

（3）引领宾客乘电梯，应先请宾客进出电梯，以便按楼层按钮。并向宾客介绍酒店服务设施、服务项目、酒店特色及推广活动等。

5. 敲门进房

（1）行李员进房前应先按门铃或敲门，确认房内无反应，方可用钥匙开门。

（2）开门后，应先开总电源，确认客房属可售房后，再请宾客进入；若开门后发现客房未整理或宾客对房间不满意，则应立即向宾客致歉，并与接待处及时联系，为宾客迅速换房。

（3）应将行李放在行李架上或按宾客吩咐放好。

6. 介绍房间设施

向宾客介绍房间的设施，注意选择介绍的内容和介绍方法，避免出现没完没了的乏味的介绍。应介绍主要设施设备，如MINI吧位置及使用方法、防火安全图、保险柜、空调控制器等。

7. 离房

（1）询问宾客是否需要其他帮助。例如，“先生/小姐，请问还有什么需要帮忙的吗？”

（2）向宾客道别，祝宾客居住愉快。然后退后一步，再面朝房内离开，并轻轻将房门关上。

（3）立刻回到大堂，做好相关记录，并准备迎接下一个工作任务。

（二）散客离店行李服务程序与标准及礼仪要求

1. 接受收取行李指令，并作记录

（1）当接到宾客离店行李服务要求时，应记录以下信息，例如房号、行李数量、收取时间等。

（2）了解是否需要寄存。如果宾客需要寄存行李，应带上行李寄存牌一起上去。

（3）如果有必要，带上行李车前往宾客房间。

2. 收取行李

（1）到达宾客房间后，敲门并自报身份，得到宾客允许后，进入客房。

（2）当宾客开门后，跟宾客礼貌地问候并介绍自己。例如，“早上好/下午好/晚上好，我是行李员小张。”

（3）帮助宾客清点行李，将行李系上填好的行李牌。如果宾客要求寄存行李，将行李寄存单宾客联交给宾客保存。

3. 带入大厅

（1）来到大厅后，先到总台收银处确认宾客是否已结账。若宾客未结账，礼貌告诉宾客收银处的位置。

（2）建议宾客使用酒店的车辆服务。

（3）再次请宾客清点行李件数，确认无误后，将行李装车。

（4）提醒宾客交回房卡。

（5）与宾客道别，祝宾客旅途愉快。

（6）返回大厅，做好记录。

延伸阅读

换房行李服务

（1）收到换房指令后，从前台接过“换房单”。换房单上注明了日期，旧的和新的房号，宾客姓名，换房原因，前台员工签名。

（2）推上行李车到宾客原来的房间，先敲门，经宾客同意后方可进入。

（3）当宾客开门后，用宾客的姓氏称呼宾客并介绍自己。例如，“早上好/下午好/晚上好，××先生/女士，我是行李员×××，我是来为您换房间的。”

（4）进入房间根据宾客要求，将行李规范地摆放到行李车上。

（5）检查抽屉、衣橱和洗手间。确认房间没有遗留任何行李。

（6）提醒宾客是否有遗忘的东西时。“房间的东西都带齐了吗？”

（7）和宾客一起到新的房间，并将行李完整送到。交给宾客新房间的钥匙和住房卡，礼貌地收回宾客原有客房的钥匙和住房卡。

（8）祝宾客居住愉快，并询问是否有其他要求。

（9）返回到大厅，将宾客原客房钥匙和住房卡交给前厅接待员，并告知换房完毕。

（10）在换房单上签字，然后分送到客房部和宾客服务中心。

任务评价

序号	评价项目	评价标准	评价结果			
			优	良	合格	不合格
1	迎客	积极主动、热情礼貌，面带微笑、使用敬语，能在迎客时体现礼仪规范				
2	开车门	为宾客开车门时体现礼仪规范				
3	行李抵店服务	能在散客抵店行李服务程序中体现礼仪规范				
4	行李离店服务	能在散客离店行李服务程序中体现礼仪规范				
5	送客	能依照礼仪规范、标准与客人道别				

任务练习

一、实操练习

（1）开车门情境演练。

教师与学生合作，按照开车门的方法，通过角色扮演进行服务情境的表演，注意为宾客开车门时的礼仪细节。

学生、教师共同探讨开车门的服务礼仪要求。

实操后参与任务评价，写成实训小结。

（2）迎送宾客服务情境演练。

要求在迎送服务中注重礼仪细节。

学生、教师共同探讨迎送宾客的服务礼仪要求。

实操后参与任务评价，写成实训小结。

（3）散客抵店、离店行李服务情境演练。

小组合作，就散客抵店、离店行李服务的程序进行角色扮演。

注意行李服务礼仪及服务用语礼仪。

实操后参与任务评价，写成实训小结。

二、试题练习

1. 填空题

（1）门厅应接员应用左手为宾客开启车门成 ________ 度左右，右手挡在车门上沿为宾客 ________，防止宾客碰伤头部。为宾客护顶时，遇到信仰 ________ 和 ________ 的宾客，不应为其护顶。

（2）送客时应站在汽车斜前方 ________ 的位置，________ 宾客并道别。

（3）宾客办理入住手续时，行李员应 ________ 站在总台一侧，位于宾客身后约 ________ 处，看管行李，等候宾客登记。

（4）行李员引领宾客时，应走在宾客的 ________，距离 ________，随宾客步调走，在拐弯处或人多时，应 ________ 宾客。

（5）装行李时应按小件、轻件、软件 ________，大件、重件、硬件 ________ 的原则装行李车。

2. 简答题

门厅应接员主要负责什么工作?

3. 案例分析

一天，一辆出租车在饭店大门处停下来，车门开启后，从车上下来一位右手不便的残疾宾客。行李员一见，连忙热情地对宾客说:“先生，您的右手不方便，还是让我来帮您拿吧！”不料这位宾客听闻此话满脸不悦，用左手将行李员挡开，一把拎起行李包，怒气冲冲地走进店门。

试评析该宾客为什么会怒气冲冲地走进店门。

任务 3　接待服务礼仪

任务目标

- 能在前厅接待服务中体现礼仪要求；
- 能体现前厅接待员的礼仪规范及标准。

任务安全与其他注意事项

- 身体状态良好，精神饱满；
- 面带微笑，接待服务主动、热情、耐心、周到。

任务导入

10 月 1 日下午两点左右，金陵饭店里急匆匆地来了一位客人。前厅接待员小屈热情地向他问候："您好，先生，请问我能为您做点什么？"这位先生非常疲惫且焦急地说："请问还有房间吗？什么样的房间都行。"

小屈连忙对客人说："实在对不起，先生，十一黄金周，我们饭店已经客满了。"先生更着急了："我已经找了好几家饭店，都客满，我刚下飞机，很累了，请你帮帮忙。"他边说边拿出 100 元塞给小屈，并说："请收下这点小意思。"

小屈礼貌地将钱退还给了客人，同时说："先生不用客气，我们饭店是不收小费的，谢谢您的好意。这样好了，您在大厅沙发处休息一下，我给您想想办法。"小屈还吩咐大厅服务员给先生沏了杯热茶。随后不停地通过电话帮客人联系房间。功夫不负有心人，终于联系到了一家饭店，这里还有一间标准间。小屈立即告诉了这位客人。客人听闻，非常感激小屈耐心周到的服务，感动地说："服务员你真好，你们饭店真好，下次来我一定住你们金陵饭店。"

相关知识

前台是宾客办理入住登记、咨询、退房结账等地方，为宾客提供各种面对面的服务，是饭店对外展示的一个重要窗口，是饭店留给宾客最初印象和最后印象的地方。

一、入住接待服务礼仪

前台办理入住登记是饭店员工与宾客第一次面对面接触的机会。入住登记是对客服务全过程的一个关键阶段，这一阶段的工作效果将直接影响前厅销售客房、提供信息、协调对客服务、建立客账与客史档案等各项功能的发挥。办理入住登记手续也是饭店与客人之间建立正式的合法关系的最根本一步。

入住接待服务程序与标准及礼仪要求如下。

（一）迎宾并问候宾客

（1）接待员一见到宾客，应该立即微笑并向宾客打招呼，给宾客以热情专业的问候，而不是等候宾客主动上前询问。

（2）口头问候应规范和标准。“您好！这里是希尔顿饭店。”“Mr. Li/Miss Liu，您好！”“女士，需要我帮助吗？”对宾客的问候应该专业、得体、热情、真诚和友好。

（二）核实预订

接待员在问候宾客后，应该核实宾客预订的相关信息。一般抵店入住宾客分两大类：已办理预订手续的客人和未经预订而直接抵店的客人。

1. 若已办理了预订手续

（1）先从预订表或电脑系统中查明。

（2）向宾客复述其预订的主要内容（停留时间、离店时间、房间类型、付款方式、特殊需要等）。

（3）经宾客确认后，请宾客填写入住登记表。

（4）接待员应主动协助宾客登记，并耐心解释客人的疑问。

2. 若宾客未经预订而直接抵店

（1）首先礼貌地询问客人的住宿要求。

（2）查看当天客房销售情况，判断是否能满足客人要求。

（3）若能提供客房，则请其办理登记手续。请宾客填写入住登记表。

（4）若客人需要的房间，饭店不能满足，应向宾客表示歉意，但不应就此终止对客服务，而应用建议来代替拒绝（给宾客介绍本饭店其他种类客房或附近同等级的其他饭店）。

（三）填写住宿登记表

（1）递送入住登记表时应注意表格字体正面朝向客人，双手递送。

（2）让旅途疲劳的宾客填写内容繁多的登记表，多少会使宾客感到不悦。但是，接待员要有意识地让宾客知道填写住宿登记表不但对酒店重要，对宾客本人也是重要的。

（3）如果表格填写有疏漏或字体潦草不清楚，应礼貌而有技巧地与宾客核对。例如，接待员接过宾客填好的登记表，可以边看登记表，边对宾客说“谢谢您，××小姐/先生。”如果发现有不清楚或不明白之处可以这样说，“麻烦您重复一下这里的内容……”

（四）排房

排房的方法及技巧如下。

（1）团队宾客一般安排在同一楼层或相近楼层，采取相对集中排房的原则。

（2）一般宾客，则应有针对性地做好排房工作。例如生意人，对房价不太敏感，可安排房费较高但较安静的客房；度假旅游宾客则安排房费较低的客房。

（3）VIP 宾客，一般安排同类客房中方位、视野、景致、环境、设施等方面最佳的客房。

（4）年老、残疾和带小孩的宾客，一般安排在底层楼面，离电梯、服务台较近的客房。

（5）政治上对立国家的客人或商业竞争对手，尽量不要安排在同一楼层或相近的房间。

（6）新婚或合家住店的宾客，一般安排在楼层边角的大床房或双联客房。

（7）排房时还应该注意宾客对房间号码的忌讳，如西方宾客忌讳“13”，他们的该数字楼层、房号都用“12A”代替。

（五）确认付款方式

确认付款方式，是为了明确客人住店期间的信用限额，加快退房结账速度。客人通常采用的付款方式有信用卡、现金或转账。

（六）通知行李员带房

完成入住登记手续后，接待员应安排行李员引领客人到客房，接待员应主动与客人道别。有些饭店在客人进房 7~10 分钟后，通过电话与客人联系，礼貌询问其对房间是否满意，并对其光临本饭店再次表示感谢。

二、离店结账服务礼仪

通常宾客离店时，最后接触的是前台收银员。在这最后一个环节，一定要注意礼貌、专业、积极。这一环节往往可以促使宾客决定以后是否还光临本饭店。因此这一环节特别需要高水平的服务。

离店结账服务程序与标准及礼仪要求如下。

（1）收银员见到宾客，应先微笑并主动向宾客问好，问候应专业、热情、真诚、友好。

（2）问候语应规范，主动提供相应帮助。如“早上好，先生，现在要退房吗？”礼貌询问客人的姓名，请客人出示房卡。

（3）用电话巧妙而礼貌地通知客房服务中心查房。

（4）在电脑上迅速确认客人住店期间的所有消费。礼貌、委婉地询问宾客在离店前 30 分钟内是否在 MINI 吧消费过。例如，“先生，请问您有用过房内酒水吗？”

若有，请宾客签字，并计入客人房账。

（5）询问宾客是否需要订酒店出租车去机场。

（6）在结账过程中，应主动询问宾客是否用过房间的保险箱，若用过提醒宾客不要遗落物品。

（7）结账收款时，收银员检查电脑记录账单和原始账单数目是否一致，并检查该房间是否和其他房间一起结账，向宾客报告消费总额，由电脑打出总账单与宾客核对，出现问题及时解决，核对无误后礼貌地请客人签字。若现金结账，根据押金额多退少补，收款时注意唱收唱付。将结账发票双手递交给客人。

（8）礼貌地向宾客告别。例如“先生，祝您一路平安，欢迎您下次光临。”

延伸阅读

递送、转交信件及留言服务

一、信件

许多酒店提供信件服务，以确定信件能送到宾客手中。一般信件由咨询处按留言方法通知住客。住客直接到咨询处领取。但到了晚上10时仍未见宾客来领取时，即由行李处派专人送到客房。

二、留言

所有留言都由行李处负责派送。在许多酒店，留言是一式两份：一份给宾客，另一份保存在工作日志里以便追踪服务。留言通常放在信封里封好，贴上标签，上面注明宾客姓名和房号。

宾客可以通过三种途径获知访客留言内容：取钥匙时得到留言单；进入客房时，发现留言单；看到房间留言灯亮着，通过询问可以获悉留言内容。

1. 留言服务注意事项

（1）全神贯注地聆听，把握好内容的要点；

（2）做好记录，再向对方复述一遍；

（3）在相关单子上记上时间；

（4）留言、口信要及时转告或转交；

（5）使用专用的留言单；

（6）对于复杂的口信，应由捎口信人留下姓名、电话号码、住址，便于住客返回酒店时与捎口信者联系。

2. 需要婉拒传递的口信和留言

（1）不能确认要找的宾客肯定是住在本酒店的留言。查找了相关资料也无法查到需要找的宾客姓名的留言，可以拒绝受理留言；

（2）与买卖有直接关系的口信。遇到这类留言，一般请对方留下联系地址或电话号码，请住客与对方直接联系；

（3）时间要求紧迫的留言。这种留言可以不受理，或者向来访者声明，酒店可以尽量寻找宾客，但对于能否在规定时间内找到住客，酒店不承担责任；

（4）给结账离店宾客的留言。

任务评价

序号	评价项目	评价标准	评价结果			
			优	良	合格	不合格
1	接待员迎客	1. 积极主动、热情礼貌、面带微笑、使用敬语； 2. 能在迎客中体现礼仪规范				
2	入住接待服务	能在入住接待服务中体现礼仪规范				
3	离店结账服务	能在离店结账服务中体现礼仪规范				
4	道别	能依照礼仪规范及标准与客人道别				

任务练习

一、实操练习

（1）按照饭店前台接待服务情境进行对话并练习。

以小组模拟形式，重现任务导入中前厅接待员小屈帮助那位先生找到房间的全过程。要求以相关知识中讲解的入住接待服务礼仪要求进行全过程演练。

可以是教师与学生间的角色扮演，也可以是学生相互间的角色扮演。

学生、教师共同交流前厅接待中的服务礼仪要求。

实操后参与任务评价，写成实训小结。

（2）按照饭店前台离店结账服务情境进行对话并练习。

按退房结账的规范与标准，模拟演练，注重离店结账礼仪。

可以是教师与学生间的角色扮演，也可以是学生相互间的角色扮演。

学生、教师共同交流离店结账中的服务礼仪要求。

实操后参与任务评价，写成实训小结。

二、试题练习

1. 填空题

（1）若客人的订房要求饭店不能满足，应向客人表示歉意，但不应就此终止对客服务，而应用 ________ 来代替拒绝。

（2）接待员递送入住登记表时应注意以表格字体 ________ 递给客人，________ 递送。

（3）________、________ 地询问宾客在离店前 30 分钟内是否在 MINI 吧消费过。

2. 简答题

接待员排房的方法及技巧是什么?

3. 案例分析

某饭店708号房间的周先生急匆匆提着行李来到前台收银处结账退房。收银员不冷不热地对周先生说:"先生不要着急，必须查房后才能为你结账。"说完便给客房服务中心打电话要求查房。周先生顿时觉得十分尴尬，心里有说不出的滋味，但又无可奈何。过了一会儿，收银员接到客房服务中心查房结束的告知电话。随后对周先生说:"查房结束，708号房间没有问题，现在可以为你结账了。"听完这句话，周先生对饭店服务的印象以不满画上了句号。

试评析为什么周先生会感到不满。

任务4　投诉服务礼仪

任务目标

- 能在投诉服务中体现礼仪要求;
- 能在处理投诉过程中体现礼仪规范及标准。

任务安全与其他注意事项

- 身体状态良好，精神饱满;
- 投诉服务应予以重视且主动、热情、耐心、周到。

任务导入

某饭店505房客人由于业务没有办完，要求延迟至18:00退房。因为这个原因，早班员工将一韩国团队原订的505房换至518房，并在团队资料及电脑中分别做了调整，但房卡及团队欢迎卡上却忘了更改。17:00韩国团一行抵店，中班员工没有发现房卡、欢迎卡与资料及电脑中内容不符，当即为韩国团客人办理了入住手续。客人办完手续到了所在楼层，不到5分钟便打来电话质问:"你们怎么搞的? 505号房间有住客，这样的房间你们也敢卖?"并立即找前厅大堂副理投诉。

相关知识

随着饭店业竞争的越发激烈，越来越多的饭店开始意识到科学、有礼有节地处理宾客投诉，不仅能够及时转变宾客对饭店产生的消极情绪，同时还为自身提供了不断发现问题、改进服务和管理的机会，继而逐渐步入良性发展，所以面对宾客的投诉饭店日益趋向于持欢迎和重视的态度。

处理投诉的服务程序及礼仪要求如下。

一、预防投诉发生，全面提高服务质量

服务质量是饭店的生命线。大多数宾客在没有蒙受重大损失或者受到极大侮辱或伤害的情况下是不会投诉的。若表面上感觉投诉越来越少，几乎没有，饭店千万不能沾沾自喜，其实这是十分危险的。这种表象只能让饭店发现不了问题的存在。饭店必须全面提高服务质量，控制产生投诉的源头，尽量不让客人带着不满意离开，这才是最有效、最根本、最可靠的处理客人投诉的方法。

二、做好接待投诉客人的心理准备

树立“宾客永远是对的”“宾客就是上帝”的理念。在处理投诉时即便发现客人错了，饭店也要把“对”让给客人，把“错”留给自己。这样才能减少客人的对抗情绪。当客人恢复冷静发现自己也有错的地方，而回想饭店把所有对都留给了自己时，客人会深感歉意，并对饭店充满感激。

掌握投诉客人的心态。宾客投诉一般有三种心态：一是求发泄，当一个人感到不满或遭到误会时，总是喜欢倾诉出来，不吐不快；二是求尊重，客人花钱住饭店，没有得到物有所值的服务，或为了显示自己的身份和地位，认为需要得到应有的尊重；三是求补偿，有些客人无论问题大小，无论饭店有无过错，都有可能投诉。作为服务人员应理解、尊重客人，给客人发泄的机会，不与客人争辩。客人真正的目的是求补偿。这种情况下，服务人员要看在自己权限范围内是否能给予其补偿，如果没有这个权限，就要请示上一级管理人员，让其出面接待投诉的客人。

三、给客人“降温”

1. 保持冷静、理智、礼貌

投诉的客人总是怒气冲冲，火冒三丈。在这种情况下，饭店方一定要保持冷静、理智、注重礼貌。如果饭店方也不能自控，客人会更激动更气愤，只会让事态恶化。所以饭店应给客人创造一种环境，给客人发泄的时间和空间，让他们降降火气。

2. 真诚倾听客人投诉

善于聆听，不要过多解释或打断客人的讲述。不要急于争辩或反驳。只有会听，才能领会、理解客人的需求，才能了解事情的来龙去脉，才能有针对性地通情达理地处理问题，解决投诉。

3. 要有耐心

客人投诉时饭店员工要有足够的耐心，认真听取意见，绝不能随客人情绪波动而情绪

化地处理问题。

4. 注意语言

在与客人沟通时，一定要注意语气及音量的大小的语言艺术。

5. 慎用“微笑”

饭店在接待宾客时应提倡微笑服务，但在面对宾客投诉时则要注意慎用“微笑”，否则会使宾客产生错觉。微笑服务必须以优质服务为基础，当我们不能给予宾客优质服务时，接待人员表现出的微笑，会让宾客感觉是幸灾乐祸的“讥笑”。

四、使用“替代”的方法

1. 让座送茶

当客人找到饭店投诉时，饭店应主动邀请客人到办公室面谈，让客人坐下来慢慢说，同时为客人送上茶水或饮品。如果在宾客来往频繁的公共区域处理投诉，将直接且严重影响饭店形象。

2. 认真做好记录

客人投诉时，为了更为准确掌握事情的全过程，应做好投诉内容记录，以示对客人投诉的重视，同时也可以作为依据存档。

3. 对客人表示同情

在倾听客人投诉时，应给予适当的回应，表达对客人的同情和理解。例如“哦，是这样，我明白了”“如果我是你，也会感到不满意”等。让客人感觉你是站在他的立场上考虑问题，让客人信赖饭店，相信饭店能处理好这件事，从而减少对抗情绪。

五、维护客人和饭店双方利益

在处理客人投诉时既要为客人排忧解难，同时也要考虑饭店的利益。如果盲目地维护客人利益，当着客人贬低员工或饭店工作质量，抑或完全不顾及客人的感受，盲目维护饭店经济利益，这些都不是处理投诉的最佳方法，这样的投诉处理都是失败的。

六、果断地解决问题

接受投诉后，应果断而迅速地处理。首先可以将可供采取的措施和解决问题所需的时间明确告诉客人，不能模棱两可。其次可以让客人选择解决问题的方案和补救措施，以示对客人的尊重。最后随时与客人保持联络，并将问题解决的进度告诉客人。应注意不要一味道歉或不时流露出因权限所限对客人投诉的无能为力，甚至表现出明显的不耐烦情绪。针对客人的投诉，现在不少饭店采用“到我为止”的方法，即第一位接待客人投诉的员工就是解决问题的主要负责人，必须将处理的投诉事件跟踪负责到底，直到事情得到圆满解决。

应针对不同投诉心理来采用恰当的处理方法。

（一）急于解决问题

处理这类投诉事例原则如下。

（1）尽量解决客人要解决的问题；

（2）注意口头交流，讲究语言艺术；

（3）及时采取补救措施；

（4）对短时间无法解决的事情要给客人明确回复，说明饭店对这件事的重视程度，使客人有心理上的满足。这类客人往往是通过电话或口头方式提出投诉的。

（二）希望饭店能提高管理水平

这类客人对饭店有良好印象，一般会用书面建议。这类信函投诉一般由部门经理亲自处理。可视情况回信给客人（已离店的）或约客人当面交流，告知其改进的措施和杜绝此类事件发生的方法。

（三）对饭店有成见的

（1）用正确方法控制自己的情绪和言语；

（2）始终有礼有节、有理地处理问题，以平息投诉者的怒气；

（3）避免公众场合处理问题；

（4）无论客人提出的问题是否符合事实，都要认真倾听，从容大度对待投诉者，待其怒气平息后再共商解决问题的办法。

（四）恶意投诉

（1）及时向上级汇报；

（2）由保安或更高一层管理人员出面再次进行劝阻，或者劝其离开现场，以免给其他客人造成不良影响和干扰正常服务工作；

（3）对情节严重者，应通知当地派出所，以维护饭店的正当利益。

七、将投诉事件记录存档，以备工作总结

投诉处理完毕，饭店应该对投诉的原因及处理过程进行反思，分析投诉处理过程、处理技巧等，最后形成案例，在员工例会中进行培训与学习，避免此类投诉再次发生。只有这样，饭店才能不断改进服务质量，提高管理水平。

任务评价

序号	评价项目	评价标准	评价结果			
			优	良	合格	不合格
1	接待投诉客人	1. 积极主动、热情礼貌、耐心、使用敬语，体现礼仪规范； 2. 面带微笑、使用敬语				
2	投诉处理	能在处理投诉中把握服务技巧及礼仪规范				

任务练习

一、实操练习

角色扮演，重现任务导入中韩国客人投诉的情境并演练处理投诉过程。

（1）小组成员轮流扮演大堂副理处理此投诉。要求全过程按投诉服务礼仪要求进行演练；

（2）可以是教师与学生间的角色扮演，也可以是学生相互间的角色扮演；

（3）学生、教师共同交流处理投诉过程中的服务礼仪要求；

（4）实操后参与任务评价，写成实训小结。

二、试题练习

根据任务导入的案例回答以下问题。

（1）总台工作人员主要有哪些失误？

（2）如果你是大堂副理你将如何有礼有节地处理此投诉？

项目二 饭店客房服务礼仪

项目描述

客房是饭店出售的主要满足客人休息需要的产品，是客人旅游住宿的物质承担者，也是饭店经济收入的主要来源之一。客房部又称房务部或管家部，负责组织好客房接待工作，保证饭店客房的清洁保养水准，加快客房的周转，协调与其他部门的关系。本项目由客房清扫服务礼仪、客衣服务礼仪、客房服务中心服务礼仪和客房公共区域服务礼仪四个任务构成。每个任务包括任务的具体内容、操作程序与标准及礼仪要求、任务实训演练和对学生学习效果的评价。借此在客房服务中渗透、培养和提升学习者客房服务的礼仪意识和素养。

学习目标

1. 能在客房服务中按照服务礼仪要求进行客房清扫服务；
2. 能在客房服务中按照服务礼仪要求进行客衣服务；
3. 能在客房服务中按照服务礼仪要求进行客房服务中心服务；
4. 能在客房服务中按照服务礼仪要求做好客房公共区域服务。

任务1 客房清扫服务礼仪

任务目标

- 能在客房清扫服务中体现服务礼仪；
- 能体现客房服务员的礼仪规范及标准。

任务安全与其他注意事项

- 身体状态良好，精神饱满；
- 注重仪容仪表，操作规范。

任务导入

某日，有轻微洁癖的王女士因出差打算入住某五星级饭店。到达饭店办理入住登记时，由于前厅接待处较忙，没有及时为王女士办理入住登记手续，而与王女士同行的同事在饭店外焦急等候，因为她们还有一项非常重要的会议要参加，王女士感到非常恼火。前厅接待员看王女士比较着急，立即为其送上一杯温水，登记了客人的身份证后，便对王女士说："您可以先去忙，您的预订我们会一直为您保留，您的行李一会儿让行李员先帮您送到房间，您回饭店时再到前台登记录像拿房卡就可以了。"王女士算是放心地出去了。

晚上王女士回到客房，卫生间和卧室都已经"做好准备"等候她沐浴和休息了，王女士心情大好，美美地睡了一觉。第二天一大早，王女士急匆匆地打算离开饭店。在楼层时，一名精神抖擞的男服务员彬彬有礼地向其问好。走在路途中，王女士才想起自己换洗下来的内衣等还放在床边的沙发上，顿时觉得心里不安，但是已经没有时间回客房了。

晚上，王女士回到房间，留心地看了看沙发，内衣和睡衣等还是自己离开时的状态，但是房间的其他地方已经整理得非常干净整洁，王女士脸上露出了一丝轻松的微笑。

相关知识

客房的清洁是饭店住客的第一需求。在现代饭店创立之前，清洁、舒适、方便、安全这四个方面就已经成为饭店经营者追求的目标。至今，它们已成为消费者选择、衡量饭店的最基本要求。美国康奈尔大学饭店管理学院通过对 3 万名旅游者的调查获悉，60% 的人把清洁列为第一要求。由此可见客房清扫在客房服务中的重要性。为了保证入住的客人更满意饭店为其提供的服务，使饭店客房真正成为客人的"家外之家"，饭店客房部应该规范客房清扫服务程序及标准，注重服务礼仪，确保入住宾客的满意度最大化。

客房清扫服务礼仪如下。

一、进房清扫客房以不打扰客人为准

进行客房清扫时，服务员应明确，当客人入住客房，房间便是客人临时的"私人空间"。在服务时应该注重礼仪礼节，清扫工作应以不打扰客人为准，既要保证房间整理的质量，提高工作效率，又要给客人创造一个温馨安宁的环境。

二、进客房之前应该先敲门或按门铃

无论房间内是否有客人，服务员在进入客人房间前，应按照饭店的规定开门进房，进入客房前应先敲门或按门铃（即三敲三报）。若房内无人方可进入，若房内有人应声，则应主动征求意见，得到客人允许后方可进房。敲门通报、等候客人反应的具体步骤及礼仪要求如下。

（1）站在距离房门 0.8~1 米远的地方，不要靠门太近，以方便房内住客观察。站立时注意始终保持微笑，保证与客人的每一次接触都能使客人心情舒畅。

（2）用右手食指或中指叩门三下（或按门铃），不要用手拍门或是用钥匙敲门，同时注意敲门时应有节奏。若敲门声太急促，则会引起客人恐慌或焦虑；若敲门声太缓慢，则不会引起客人的注意。敲门后应清楚地通报："整理房间。"

（3）等候客人反应约 5 秒，同时眼望门镜，以便客人观察，注意随时保持微笑。

（4）若房间无客人回应，则重复（2）（3）的程序。

（5）如果仍无回应，则可用房卡开门，要注意房门上是否挂有安全链，以防客人因为在睡觉而没有听到之前的敲门声。

（6）开门后应再次清楚地通报来意，并观察房内情况，若发现客人正在睡觉，则应马上退出，轻轻关上房门。

敲门后，如果房内有客人应声，服务员应主动说明来意。如果客人暂时不同意清扫客房，则应尊重客人，主动约好清扫时间，并将房号和时间记录在工作表上。若客人同意，服务员应迅速为客人清扫。同时，无论是走客房还是住客房，服务员在清扫时应该按照饭店的规定作业。

三、清扫客房时尊重客人的隐私及习惯

清理房间时，要注意烟灰缸和废纸篓里是否有客人还需要的物品，千万不可自行处理，若发现电池或锋利物品（如刀片）等，需要分类处理。尤其是在清扫住客房时，还应尊重客人的习惯和隐私。

（1）整理客人的文件、杂志等，只需要稍微整理，不能弄错位置，更不可随意翻看；

（2）客人做过记录的便笺纸或小纸条也只能稍微整理，不可擅自帮客人处理；

（3）客人的衣物等可帮客人折叠好放进衣柜里，但是女宾住的房间要特别注意，不要轻易动其衣物，尤其是内衣；

（4）女宾的化妆品也只需稍微整理，不要挪动位置，即使化妆品用完了，也不得将空瓶或空盒扔掉，更不可出于好奇打开或试用；

（5）整理物品时，注意不要随意触摸或移动客人的照相机、笔记本电脑和钱包等较为贵重的东西，客人会非常敏感；

（6）在撤床单时，要将床单抖动几次，确认里面有无客人衣物或其他物品；

（7）擦拭房间家具及物品时，只需要搞大面积卫生，注意不要将客人的衣物弄脏、弄乱；擦拭行李架时一般不要挪动客人的行李，只擦去浮尘即可。

（8）应先清扫卧室再清扫卫生间，因为住客随时有可能回房，甚至带来亲友或访客。先将客房的卧室整理好，客人归来便有了安身之处，卧室整洁美观，客人当着访客的面也不会尴尬。对服务员来说，这时留下来做卫生间卫生则不会有干扰之嫌。

四、清扫完毕，礼貌道别

房间清理完毕，客人在房间时，要向客人表示谢意，然后退后一步，再转身离开房间，轻轻将房门关上。还要认真填写清扫进出客房的时间及所用布件、服务用品、文具用品的使用和补充情况，以及需要维修的项目和特别工作。

延伸阅读

客房清扫程序“十字诀”

开。开门、开灯、开空调、开窗帘、开玻璃窗。

清。清理烟灰缸、字纸篓和垃圾（包括地面的垃圾）。

撤。撤出用过的茶水具、玻璃杯、脏布件。如果有用过的餐具也一并撤去。

做。做床。

擦。擦家具设备及用品。

查。查看家具、设备用品有无损坏，配备物品有无短缺，是否有客人遗留物品，要边擦拭边检查。

添。添补客房客用品、宣传品和经洗涤消毒的茶水具。

吸。地毯吸尘，同时对清扫完毕的卫生间地面吸尘。

观（关）。观察客房清洁整理后的整体效果，关玻璃窗、关纱帘、关空调、关灯、关门。

登。在“服务员工作日报表”上做好登记。

任务评价

序号	评价项目	评价标准	评价结果			
			优	良	合格	不合格
1	敲门等候	精神饱满，面带微笑，按照饭店敲门进房礼仪敲门等候				
2	进房问候	进入房间，礼貌问候，问候内容规范，态度真诚，声音适度				
3	清扫过程	按照饭店客房清扫顺序清扫客房，注意尊重客人的习惯及隐私				
4	离开房间	清理完毕，表示谢意，退后一步，离开房间，轻关房门				

任务练习

一、实操练习

在模拟客房，按照饭店客房清扫服务礼仪完成住客房的清扫。

二、试题练习

1. 判断题

（1）无论是走客房还是住客房，服务员在清扫时应该按照饭店的规定开门作业。（　　）

（2）清扫客房时，客人用完的化妆品空盒应收走，保证台面的美观。（　　）

（3）女宾的内衣应帮其整理好并放在衣柜。（　　）

（4）擦拭行李架时，可挪动客人的行李，擦拭完毕放回原位即可。（　　）

（5）为避免打扰客人，清扫完客房，服务员应悄悄离开。（　　）

2. 案例分析

刚从学校毕业的小李在某四星级饭店实习，她工作认真，服从安排，深受领导喜欢。这天，她被安排到16楼清扫客房。小李备好房务工作车，开始了工作。她首先看到的是1602房间亮着“请即打扫”的显示灯，于是按照规定的敲门程序进入客房，然后便熟练地打扫起房间来。整理卫生间时，小李发现客人用的是香奈儿的粉底，这是她一直想要入手的一款，但是一直没狠下心买。小李特别高兴，见房间没人，便打开拿起来左瞧瞧右看看。可是不巧，这一幕被临时折返房间的客人看在眼里，客人便将此事投诉到了客房部经理处。

请问：（1）小李为什么遭到了投诉？

（2）如果你是小李，你该怎么做？

任务2　客衣服务礼仪

任务目标

- 能在客衣服务中体现礼仪要求；
- 能体现客房服务员的礼仪规范及标准。

任务安全与其他注意事项

- 身体状态良好，精神饱满；

● 注重仪容仪表，操作规范。

任务导入

王先生和王太太到重庆参加女儿的婚礼，入住了重庆某五星级饭店。这天晚上，正要休息的时候，王太太发现自己的礼服上竟然不知什么时候沾上了一块污渍。由于第二天要出席女儿的婚礼，再去买一件肯定是不可能的，很是着急。王先生便说，饭店肯定有办法处理，说着便拨通了客房服务中心的电话。电话那头清脆的声音响起，“您好，客房服务中心，请问有什么能帮到您的吗？”王先生焦急地道出原委，只听见“好的，我马上通知洗衣房的员工过来收取您太太的衣服。”洗衣房的小李接到通知去收取客人的衣服，不到5分钟，门铃响起，王太太开了门。

“王太太、王先生好！我是洗衣部的小李。”小李亲切地向王先生和王太太问好。“就是这件衣服，我明天早上要穿，你们能一大早帮我拿到房间吗？”王太太拿起衣服。小李小心地把衣服接过来，仔细看了看，“您这衣服上的污渍不是很难洗，但是您的衣服面料特殊，需要干洗，费用会高一点，同时您是快洗，所以要多收50%的服务费，您看可以吗？”“那就麻烦了！”王先生和王太太同时应道。第二天一大早，小李拿着洗干净的衣服送到了客人房间。

相关知识

洗衣服务是饭店在客人住店期间提供的常规服务之一。从饭店向客人提供的洗涤方式来分，可分为干洗、水洗和熨烫三种。从洗涤速度来分，可以分为普通服务和快洗服务两种，这两种洗衣服务的费用相差50%，在为客人提供服务时应向客人说明，以免结账时出现纠纷。洗衣服务的操作规程及礼仪要求如下。

一、收取客衣

在接到客人需要洗衣的要求后，服务员应迅速前往客人房间收取客衣。在与客人沟通时应随时注意礼貌礼节。

（1）当客人电话通知楼层服务台或客房服务中心时，服务员应在电话铃响三声（10秒）以内接听电话，注意语言文雅，语气温和，语调适中，语音优美。先自我介绍，并致以诚挚问候，结束通话时应向客人真诚致谢，确认客人已完成通话后再轻轻挂断电话。

（2）当客人直接将衣物交给客房服务员时，服务员应随时保持微笑，沟通交流时应注意音调柔和，尊重客人习惯，并耐心回答客人所有的疑问。

（3）当客人将要洗的衣物放在洗衣袋中，每天早班客房服务员进房检查时则应立即收取。

（4）收取衣物时若发现房间显示或挂有“请勿打扰”标识，不得按门铃或敲门，以免打扰客人休息，待显示灯熄灭或取下“请勿打扰”牌时再进入房间收取。

（5）进出有客人的房间收取洗衣时，服务人员应站立端正，平视门镜，敲门并通报身份。见到客人时应礼貌问候。离开房间到门口时，应面对客人退出房间。开、关房门动作应轻缓。

二、检查登记

（1）检查客人填写内容。收取洗衣时，要认真检查洗衣单上的房号、日期、客人签名和洗衣件数等是否填写齐全。

（2）检查并清点客衣件数。认真清点及检查客人所填写的洗衣件数是否和洗衣袋内实际件数相符，若有不符，及时与客人取得联系。

（3）检查衣物洗前状态。认真检查衣物，看衣服是否有破损、污点、纽扣不全等问题，如有，应立即登记在洗衣单上并及时联系客人。

（4）检查衣物所有口袋。掏清衣物口袋，检查口袋内是否有遗留物品，若有，应及时登记并及时交还给客人。

（5）注意客人的特殊需求。如客人要求的干洗、湿洗、熨烫、去污、修补或交回时间等。同时检查客人的要求是否与衣服本身的洗涤要求一致，若有不符，应与客人当面说明。

总之，收取衣物前一定要认真仔细检查，无论遇上何种情况，在与客人联系时，均应使用规范的服务用语，称谓恰当，用词准确，语意明确，口齿清楚，语气亲切，语调柔和。

三、送洗客衣

（1）普通洗衣服务，洗衣房客衣组每天按饭店规定的时间到楼层收取客衣。

（2）如有加快或特快洗衣服务，应立即通知洗衣房马上收取。加快洗衣 4 小时送回，但需加收 50% 的服务费；特快洗衣 2 小时送回，需加收 100% 的服务费。到客房收取时应礼貌向客人说明，以免结账时出现纠纷。

没有填写洗衣单的衣物不予送洗，留下“致客信”或与客人电话联系。注意“致客信”应字迹工整，言简意赅，词句规范。

四、送回客衣

（1）洗衣房客衣组每天按饭店规定的时间将洗好的客衣送到楼层。楼层服务员（或陪同洗衣房客衣组员工）根据客衣单上的房号将衣物送入客房，按规定放在指定位置。若客人房间显示“请勿打扰”，可在客房门下留下留言，写明客房服务中心或洗衣房电话，请客人自行联络后再送回。注意留言条字迹工整，言简意赅，词句规范。

（2）如果送还时间延迟，应及时通知客人。

（3）如果污渍不能被清除，必须书面告知客人或当面说明。

（4）所有需要悬挂的衣物送还时都应附包装。

（5）衣物上脱落或松动的纽扣归还时应缝好，破损的部分应进行修补。

（6）所有送洗衣物应同时送回，如因洗涤的时间不同而无法同时送回时，应书面告知客人。

延伸阅读

擦鞋服务程序

（1）房内均备有鞋篮。客人将要擦的鞋放在鞋篮内，客人电话通知或放在房内显眼处，服务员接到电话或看到后应立即收取；

（2）用纸条写好房号放在鞋内，避免送回时将鞋送错房间；

（3）将鞋篮放到工作间待擦，擦鞋时应在地上铺上专用垫子或旧报纸；

（4）擦鞋时要备好与鞋色相同的鞋油，如果没有，可用无色鞋油；

（5）按规范擦鞋；

（6）一般半小时后将擦好的鞋送回到客人房间，放在饭店规定的地方。

任务评价

序号	评价项目	评价标准	评价结果			
			优	良	合格	不合格
1	收取客衣	客人电话通知时，注意语言文雅，语气温和，语调适中，语音优美				
2	检查登记	精神饱满，面带微笑，按照饭店礼仪要求敲门进房并检查衣物				
3	送洗客衣	按时收取				
4	送回客衣	精神饱满，面带微笑，按时送回房间并放好，客人在房间时向客人问好，礼貌离开				

任务练习

一、实操练习

（1）两人为一组，模拟练习为客人提供洗衣服务时的对话。

（2）设置情境，模拟演练收取洗衣时的操作程序及礼仪要求。

二、试题练习

1. 填空题

（1）客人电话通知收取洗衣时，应在电话铃响 ________ 声以内接听电话，注意 ________，________，________，________。

（2）若客人房间显示“________”时，不得按门铃或敲门。

2. 案例分析

小李是一名四星级饭店的客房服务员。一天晚上 7 点，她接到客房服务中心的紧急电话，“1807 客房客人要求洗衣服务。”小李迅速放下手头忙碌的事情，赶往房间。小李按照服务规程敲门后，房内无人回应，于是她用楼层钥匙打开房门。经过查找在椅子上发现一件绿色的 T 恤，但房内灯光较暗且天色已晚，似乎没什么污渍。她核对洗衣单是加急服务，要求 4 小时内送回，小李不敢怠慢，迅速将衣服拿到工作间，拨通洗衣房客衣组的电话。大约 5 分钟之后，洗衣房小刘急急忙忙赶到，经过双方签字确认，衣服被送到洗衣房。

3 个多小时以后，衣服被送到了楼层。小李一看时间，还有十几分钟，于是马上送入客人房间。工作终于顺利完成。

半小时后，客人怒气冲冲地找到小李，“你们是怎么洗衣服的？好好的衣服怎么洗出来一条黄渍？”小李觉得很委屈、生气，自己如此尽心尽力却招致了斥责。于是小李按捺不住气愤回应道：“我检查的时候应该没有污渍的，我怎么知道是怎么回事儿，衣服又不是我洗的。”本来就生气的客人怒火中烧，把小李投诉到了客房部经理处。

请问：（1）你觉得小李哪些地方做得好？哪些做得不好？

（2）如果你是小李，应该如何处理？

任务 3　客房服务中心服务礼仪

任务目标

- 能在客房服务中心服务中体现礼仪要求；
- 能体现客房服务员的礼仪规范及标准。

任务安全与其他注意事项

- 身体状态良好，精神饱满；
- 注重仪容仪表，操作规范。

任务导入

小叶是某五星级饭店的新员工。这天，她正在16楼打扫房间，临时接到客房服务中心的通知："请速到1618房间为客人添加5张便笺纸。"小叶此时就恰巧在1616房清扫。她迅速找到便笺纸，按照饭店程序敲门，客人迅速地开了门，"这么快！太感谢了，请把便笺纸放到办公桌上我的电脑旁边"。说完便自顾自走进了卫生间。客人出来时小叶已经离开了客房，客人迅速回到办公桌。就在准备下笔时，发现自己价值不菲的钢笔找不到了，便焦急并愤怒地打电话到了客房服务中心。

客房部经理很快便带着小叶到了客人房间。"你们的员工怎么回事？还真会顺手牵羊，我不过上个厕所，出来钢笔就没了，我今天有多忙你们不知道吗？你们今天必须给我个说法。"说着便愤怒地将手中的便笺纸扔了一地。小叶吓得直打哆嗦，也觉得特别委屈。经理询问小叶，得知她并没有拿客人的钢笔，思忖应该是客人自己因为忙碌而一时糊涂不知道放到哪里去了，便安慰客人说："请不要着急，您先做其他工作，我们一定尽力帮您找到。"不一会儿，客房部经理便在客人卫生间一堆用过的毛巾中找到了那支钢笔。

相关知识

为给住客提供方便，客房服务中心实行24小时值班制，主要职能有：信息处理、员工出勤控制、对客服务、楼层万能钥匙的管理、与前厅部联系、处理投诉、事务处理、档案保管、负责向工程部申报工程维修单、协调与其他部门的关系等。而涉及对客服务礼仪的就有保管和租借给客人用品、处理投诉和失物处理等。

一、保管和租借物品的服务程序及礼仪要求

为了方便客人，高星级饭店都在客房为客人提供保险箱，客人的贵重物品可以存放在保险箱中。然而客人租借物品的需求仍是常见，客房服务中心租借客人用品的服务程序及礼仪要求如下。

（1）客人电话要求或直接向楼层服务员提出要求，受理此项服务时，应礼貌且有耐心。

（2）仔细询问客人租借物品的具体时间，如果客人借用尖锐的工具（如大剪刀、螺丝刀等）时，要婉转询问其用途以及是否需要饭店工程部帮忙，以防发生自杀、伤人或盗窃等恶性事件；如果客人借用大功率电器或易伤人的器具（如电熨斗、暖风机等）时，应委婉提醒客人注意使用的安全性。注意询问时使用规范的服务用语，称谓恰当，用词准确，语意明确，口齿清楚，语气亲切，语调柔和。

（3）将物品准备好后快速送到客人房间。若是电熨斗等应使用专用的袋子，内附"使用注意事项"。若客人借用的是小件物品，则应使用托盘递送。离开前礼貌提醒客人使用时注意安全。

（4）请客人在租借物品登记表上签名，给客人递送登记表格、签字笔时，应使用双手或托盘，将物品的看面朝向客人，直接递到客人手中。礼貌提醒客人使用正楷签名。

（5）客人归还物品时做好详细记录。

（6）若客人逾期未归还，可主动询问，但是要注意询问的方式和语言的艺术。若是常客常借物品，可编入客史档案，以便在其再次入住之前先放入房间。

二、处理客人投诉的方式及礼仪要求

（1）对客人提出的投诉表示欢迎和感谢，并坚决不与客人争论或争辩，应诚恳友善，用恰当的方式称呼客人；

（2）满足客人求发泄、求尊重、求补偿的心理。认真倾听客人讲话，目视客人，及时记录下投诉事项；不推卸责任，真诚解决问题，表示歉意并在必要时把“对”让给客人；要做到满足客人利益的同时维护饭店应有的利益。

（3）再次对客人愿意把问题告诉自己表示感谢，把要采取的措施及解决问题的时限告诉客人并征得客人同意；

（4）事后及时回访，确认投诉得到妥善处理。

三、处理客人失物的方式及礼仪要求

（1）当客人提出自己的财物在客房内丢失时，应立即安抚客人，如“请您放心，我们会立即解决。”并立即通知客房服务中心，一般应安排安保人员及管理人员负责查找。

（2）安抚客人，表示同情，如“我太理解您现在的心情了，如果我是您，我也会很着急。”帮助客人回忆物品可能丢失在什么地方（如“您想一下您最后使用 / 见到该物品时是在什么时间 / 地点”等），请客人提供线索，以便分析是否丢失；

（3）如果客人只是忘记放在何地，则应耐心帮助客人寻找；如果客人认为物品丢失涉及饭店员工，则应安抚客人，并委婉告知客人弄清事情原委之后再下结论。

（4）查找过程可根据实际情况决定，请客人耐心等待或让客人到现场一起寻找。

（5）若经多方查找无果，或原因不明、没有确凿证据证明物品确实在房内丢失或被盗窃的，饭店不负赔偿责任，但应向客人表示同情，并耐心解释。

（6）若客人已经离开饭店，尽快将调查、处理结果通知客人。

（7）详细记录情况，以备核查。

延伸阅读

根据《中国饭店行业服务礼仪规范》第二篇《通用服务礼仪规范》第六章第三十七条规定：接待投诉客人时，应诚恳友善，用恰当的方式称呼客人。倾听客人说话时，应目视客人，及时将投诉事项记录下来。对客人愿意把问题告诉自己表示感谢，把要采取的措施及解决问题的时限告诉客人并征得客人同意。事后及时回访，确认投诉得到妥善处理。

任务评价

序号	评价项目	评价标准	评价结果			
			优	良	合格	不合格
1	租借物品	服务受理时有礼貌，有耐心				
		询问时使用规范的服务用语				
		以最快的速度送到客人房间				
		签字时以登记表的正面递送				
		礼貌提醒客人使用正楷签名				
2	处理投诉	欢迎、感谢客人投诉，不与客人辩论，诚恳友善，恰当称呼客人				
		认真倾听，记录内容，表示尊敬				
		表示感谢，立即解决				
3	处理客人失物	安抚客人，表示同情				
		及时帮助客人寻找				
		无论结果如何，礼貌告知客人				

任务练习

一、实操练习

两人为一组，根据礼仪要求，模拟演练对客租借物品服务的对话。

二、试题练习

1. 简答题

（1）简要描述处理客人投诉的服务程序及礼仪要求。

（2）简要描述客人失物处理的方式及礼仪要求。

2. 案例分析

中午时分，李先生神色匆匆地找到饭店大堂经理，说他放在房间的几件行李都不见了，现在不知如何是好。李先生是饭店的协议客人，一直住在1518房。经了解，李先生曾向总台小姐小王提出房内恭桶堵塞，要求换房，但当他吃完饭回来后行李就都不见了。大堂经理立即向总台及客房部询问。事件原来是这样的：小王在接到李先生的换房请求后，答应将其换到1520房，并更新了房卡，交由行李员去找李先生换房。行李员敲门确认房内无人后又将房卡还给了小王。而客房部接到总台通知1518房已换1520房时，发现李先生的行李仍然在1518房，本着助人为乐的目的，就把行李搬到了1520房。李先生对此浑然不知，故而发生了本案例开头的一幕。

请问：作为饭店方，你该如何处理此事？

任务4　客房公共区域服务礼仪

任务目标

- 能在客房公共区域服务中体现礼仪要求；
- 能体现客房服务员的礼仪规范及标准。

任务安全与其他注意事项

- 身体状态良好，精神饱满；
- 注重仪容仪表，操作规范。

任务导入

一天傍晚，饭店1612房的客人张先生一家三口从3楼中餐厅用餐完毕后乘电梯回房间。张太太手里端着餐厅打包的饭菜，边走边喂他们的小孩儿，小孩出电梯时跳来跳去，刚走出电梯几步，一个不小心把妈妈手上端着的食物打翻在地，地毯上顿时湿了一大片，小孩儿也因犯错被吓得在一旁哭起来。

正在16楼做清洁的小刘听到声音后立马赶来，第一句话就问："请问孩子有烫伤吗？"张先生不好意思地答道："实在对不起，孩子倒是没烫伤，把你们的地毯弄脏了。"小刘松了一口气："没关系，没受伤就好，你们带着孩子回房休息吧，这里交给我。"随后，小刘立即找来工具，对地毯做了相应的清洁处理。

相关知识

客房公共区域是整个饭店内可供住店客人共享的活动区域，主要是指饭店客房所在的楼层，供客人通行或休闲的公共区域。该区域是住店客人出入客房的必经之地。此区域的服务礼仪也会直接影响客人对整个饭店的印象，应引起重视。客房公共区域包括楼层所有的走廊、电梯间、楼层休息区域等。

客房公共区域服务礼仪要求如下。

（1）清洁公共区域时，应注意选择合适的时间。服务员见到客人应礼貌问候，适时回避，注意随时保持微笑。

（2）清洁公共区域时，服务员应保持专业的工作状态，步履轻盈，动作熟练。做到服务工作的“三轻”，即走路轻，说话轻，操作轻。

（3）在公共区域使用清洁设备时，服务员应保证设备整洁完好，不乱堆乱放，提拿工具应注意避让客人，提拿方式安全得当，并符合礼仪规范。如图 3-2。

图 3-2　避让客人

（4）遇到客人时应暂停工作，礼貌问候，礼让客人。如图 3-3。

图 3-3　礼让客人

（5）因清洁工作给客人带来不便时，应向客人礼貌致歉。

（6）随时注意公共区域所设的烟灰缸里烟头数量，若超过 3 个，应立即更换。

（7）在走廊遇到客人或必须从客人面前经过时，应缓步或稍停步，向旁边跨出一步，礼貌示意客人先行。

（8）服务员多次与同一位客人相遇，应使用不同的问候语。

（9）客人进出楼层时，服务员应主动为客人开门、开电梯等。

（10）客人在公共区域谈话时，服务员应先礼貌回避。

任务评价

序号	评价项目	评价标准	评价结果			
			优	良	合格	不合格
1	清洁公共区域时	见到客人应礼貌问候，适时回避，保持微笑				
		步履轻盈，动作熟练。做到服务的“三轻”				
2	使用设备时	保证设备整洁完好，提拿方式安全得当				
3	见到客人时	暂停工作，礼貌问候				
		应缓步或稍停步，向旁边跨出一步，礼貌示意客人先行				
		多次与一位客人相遇，应使用不同的服务用语				
		若客人正在交谈，应礼貌回避				

任务练习

一、实操练习

分组设计 3 种客房公共区域服务礼仪情境并进行模拟表演。

二、试题练习

1. 填空题

（1）清洁公共区域时，服务员应保持专业的工作状态，步履轻盈，动作熟练。做到服务工作的“三轻”，即 ________、________、________。

（2）在走廊遇到客人或必须从客人面前经过时，应 ________ 或 ________，向旁边跨出一步，礼貌示意 ________。

（3）因清洁工作给客人带来不便时，应向客人 ________。

（4）服务员多次与同一位客人相遇，应使用 ________。

2. 案例分析

李先生和朋友坐在某酒店楼层电梯边的沙发上聊天，楼层服务员小徐正推着吸尘机给楼层的地毯吸尘。操作到了客用电梯边时，小徐看李先生正聊得尽兴，便只是礼貌地向客人微笑，李先生也礼貌地向小徐点头致意。随即小徐便推着吸尘器快速地走开了，她准备从楼层走廊的另一端开始继续吸尘。等到小徐从另一端吸尘到电梯边时，李先生和朋友已经离开了。

请问：你觉得小徐这样做对吗？为什么？

项目三 饭店餐饮服务礼仪

项目描述

有句俗话“民以食为天”。饮食是人类赖以生存的最重要的物质条件之一，而餐厅则是通过出售菜肴、饮料及提供相关服务来满足客人饮食需求的场所。大部分饭店餐饮部收入能占饭店总收入的1/3或以上，因此可以说餐饮服务的好坏将直接影响饭店的声誉和经济效益。服务人员是维系主客关系的桥梁，服务到位宾客尽欢，反之则易出现客人不满、投诉甚至更大的蝴蝶效应。因此服务人员必须意识到自身工作的重要性，在为宾客服务的过程中，应遵守一些礼仪规范，更好地为宾客服务。本项目由中餐服务礼仪、西餐服务礼仪、宴会服务礼仪、酒水服务礼仪四个任务构成。每个任务包括任务的具体内容、操作程序与标准及礼仪要求、任务实训演练和对学生学习效果的评价，借此在餐饮服务接待中渗透、培养和提升学习者餐饮服务的礼仪意识和素养。

通过本项目的学习，你将学会如何帮助宾客更优雅地就餐，给客人创造一个文明、轻松、活泼、自然、友好的氛围。

学习目标

1. 能在餐饮服务中按照服务礼仪要求进行中餐服务；
2. 能在餐饮服务中按照服务礼仪要求进行西餐服务；
3. 能在餐饮服务中按照服务礼仪要求进行宴会服务；
4. 能在餐饮服务中按照服务礼仪要求进行酒水服务。

任务1 中餐服务礼仪

任务目标

- 能在中餐服务中体现礼仪要求；

● 能体现中餐厅服务员的礼仪规范及标准。

任务导入

曾经听余世雄先生讲座，讲了一件他自己亲身经历的事情，现在分享给大家。在泰国曼谷东方饭店，清晨一开门，一名漂亮的泰国小姐微笑着和我打招呼，“早，余先生。”“你怎么知道我姓余？”“余先生，我们每一层的当班小姐要记住每一个房间客人的名字。”我心中很高兴，乘电梯到了一楼，门一开，又有一名泰国小姐，“早，余先生。”“啊，你也知道我姓余，你也背了客人的名字，怎么可能呢？”“余先生，上面打电话说你下来了。”原来她们腰上挂着对讲机。

于是她带我去吃早餐，餐厅的服务人员为我上菜，都尽量称呼我余先生。这时来了一盘点心，点心的样子很奇怪，我就问她，“中间这个红红的是什么？”这时我注意到一个细节，那个小姐看了一下，后退一步才告诉我那个红红的是什么。“那么旁边这一圈黑黑的呢？”她上前又看了一眼，又后退一步说那黑黑的是什么。这个后退一步就是为了防止她的口水溅到菜里。我退房离开的时候，刷卡后对方把信用卡还给我，然后再把我的收据折好放在信封里还给我，并说，“谢谢你，余先生，真希望第七次再看到你。”第七次再看到，原来那次我是第六次去。

3 年过去了我再没去过泰国。有一天我收到一张卡片，发现是他们饭店寄来的。“亲爱的余先生，3 年前的 4 月 16 号你离开以后，我们就没有再看到你，公司上下都想念得很，下次经过泰国一定要来看看我们。”下面写的是“祝你生日快乐”。原来收信的那天是我的生日。

这种优质的服务无疑赢得了一个顾客的心。在服务过程中，注重小细节的礼貌礼节，有时可以达到超常的宾客满意度。

相关知识

一、餐前服务礼仪

中餐厅服务员在宾客到达之前的主要工作就是摆放桌椅、准备各种开餐用具等。首先应根据各餐厅的具体情况合理布局餐桌，确定各桌首位。

（一）座次安排

中餐厅多使用圆形餐桌（图 3–4）、正方形餐桌（图 3–5）、长方形餐桌。吃饭时候座位的重要性，从我们的老祖宗那一辈起就已经知道了。座次以“尚左尊东、面门为尊”为原则。首位是面门的 1 号位，多是为这席中辈分最高的长者、主宾准备的，而主人往往坐末尾，也就是靠近门口的 8 号位。作为服务员，清楚知道座次原则后便于开展自己的工作，例如在点菜、斟酒服务时，都能准确发挥我们作为维系主客关系桥梁的作用了。

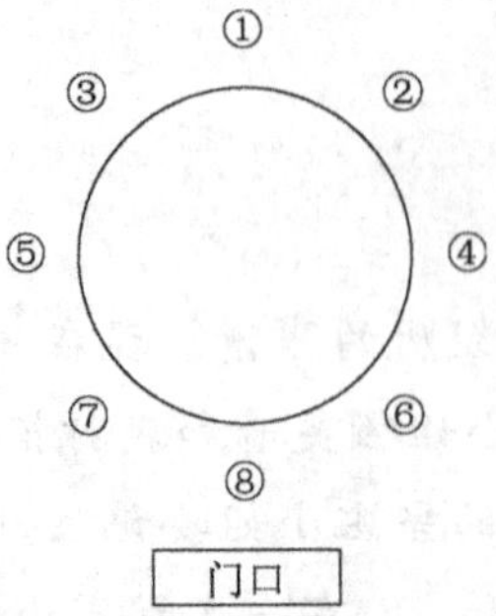

图 3-4　圆形餐桌座次图

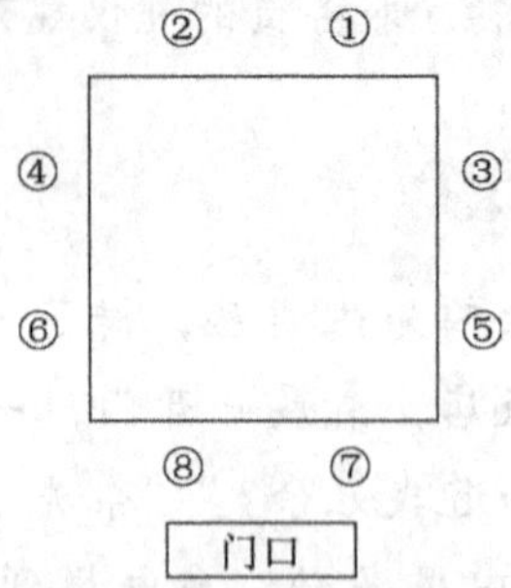

图 3-5　正方形餐桌座次图

（二）摆台

为了更好起到装饰台面作用，餐厅多选用餐巾折叠成各式花样。为了突出主人和主宾位，往往在其位摆放区别于其他位的餐巾花型，而且从餐巾花的造型高度上也应有所不同，让宾客容易区分。

筷子的摆放，如图 3-6，则应当整齐并拢置于进餐者右手位。在用餐前或用餐过程中，将筷子长短不齐地放在桌子上，这种做法是很不吉利的，通常我们管它叫“三长两短”——代表“死亡”。以方形桌为例，手执的一端要垂直朝向餐桌的边缘；若是圆桌面，摆放角度应与半径重合。

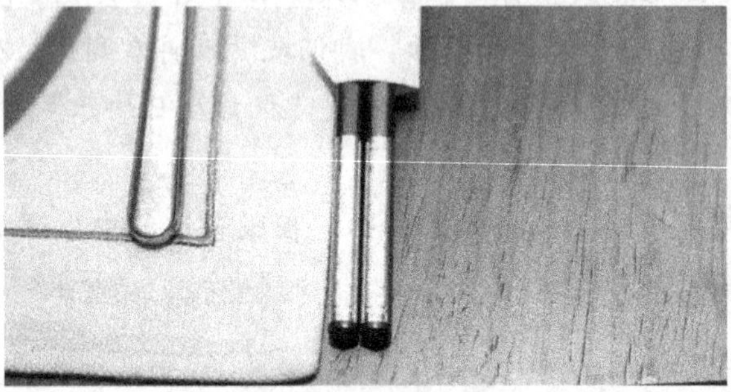

图 3-6　筷子的摆放

切忌筷足向外，亦不可一反一正并列。待客如此，会被认为不敬和晦气。配合筷架使用，夹取食品的圆足一端略微翘起，不与餐台面接触，显得郑重，又合卫生观念。筷子的摆放数量要求与进餐者人数一致，不可多也不可少，否则均属不敬不祥。也就是说当确定宾客人数后，服务员应当及时调整餐桌上的餐具数量，合理分配客用空间。

现今餐饮业都在强调“文明餐桌”，提倡公筷母勺的使用。服务员在摆台时，要为客人准备公共餐具。

二、餐中服务礼仪

丽兹·卡尔顿饭店有句名言：我们是服务绅士的绅士，是服务淑女的淑女。服务员的工作就是要帮助宾客更优雅地就餐。

（一）迎宾引位

服务员陪同宾客进入就餐区域时，应走在宾客左前侧 1 米左右的位置（“以右为尊”），协调宾客的行进速度，及时提醒宾客，例如在拐角、灯光昏暗、楼梯处，适时地稍许欠身等候宾客，同时配合语言的提示。

（二）拉椅让座

绝大部分的人习惯用右手做事，例如用右手拉开椅子，这就形成了多从左侧入座的现象。从多人就餐时大家统一入座方向避免场面混乱的角度考虑，最得体的入座方式也是从座位的左侧入座。所以服务员在帮助宾客拉椅时，应把座椅的左侧拉开一些，让客人方便进入，也可起到暗示作用。同时配合服务敬语“您请坐”。

在中餐厅，服务员可先为主宾拉椅，然后依次为其他宾客服务。拉椅时为了让宾客感到安全稳妥，服务员应两手分别握住椅子的两侧，右膝盖抵住椅背，抬起椅腿避免噪声，向后拉开椅子，当宾客入座时配合他们的入座尺度，推椅子到合适的位置。

（三）小毛巾服务

为了避免差错，等宾客入座后，服务员当着宾客的面进行第一次小毛巾服务。毛巾是擦手的，为了避免宾客用它去擦脸，你可以配合使用提示语，“请净手。”

（四）茶水服务

饮茶在我国不仅是一种生活习惯，也是一种源远流长的文化传统。中国人习惯以茶待客，并形成了相应的饮茶礼仪。比如，为客人斟倒第一杯礼貌茶，茶杯应放在客人右手的前方。斟倒七成的茶水量，就餐过程中及时给客人添水。茶壶嘴不可对着宾客。

（五）洗手盅服务

上基围虾、螃蟹、水果时，会送上一只小小的水盂，其中漂着柠檬片或玫瑰菊花花瓣。有些宾客会误以为这是茶水，服务员最好使用服务语言提示宾客“请用洗手盅”，来帮助宾客避免出错，并及时提供小毛巾擦手。

（六）上菜服务

先上调味品，再用双手将菜肴端上，并配以简单介绍，让宾客清楚食用搭配。刚上的菜肴应先送至主宾面前，派送菜肴时也应从主宾开始。用我们的行动展示主人照顾主宾的意愿。中国人热情好客，往往在餐桌上喜爱帮宾客布菜，而从现在的共餐制看，向宾客提供公用餐具，是很有必要的。每道菜肴均应配备合适的公用餐具以方便宾客使用，例如颗粒状的菜品可配公用勺、大块状的菜品可配公用筷等，这在餐前准备工作中就应考虑周到。此外，桌面空间有限，应及时根据用餐情况，大盘换小盘、分派、合并，不要出现盘子叠盘子的就餐现象，这样既不卫生，也不便于宾客夹取食物。

（七）撤换餐具

中国菜肴选料广泛、烹调技法多样，就餐过程中宾客面前骨碟内堆积如山的杂物怎么看都不能体现优雅的就餐氛围，因此服务员要根据菜肴特点和宾客用餐情况更换相应餐具，例如上带壳、带骨的菜肴或浓味汁菜肴后要给宾客更换骨碟，汤碗应用一次换一次。

（八）巡台服务

真正高级的餐厅，与其他餐厅的不同之处就在于服务员的素质。一流的服务员会时时刻刻注意与客人进行眼神接触。宾客只要让视线和服务员交会，再以眼神示意，或手轻轻挥摆一下即可。不要给宾客扯着嗓子安排你做事的机会。及时清理台面，保证宾客就餐空间的舒适性，例如桌面上空酒杯、酒瓶应及时撤走，这就是餐饮行业里常常说的“桌上无空杯”原则。在客人面前不要吃东西、掏鼻孔、擤鼻涕、挖耳朵、挖眼屎等，不要脱鞋、打饱嗝、伸懒腰、哼小调、打哈欠等。在餐桌边上回答宾客问题时要顾及卫生情况，倾听宾客述说时要上前一步靠近宾客，为了避免唾液飞溅到菜肴上，回答时应退后一步且上身微倾。

（九）送客服务

为了体现有始有终的礼节，当宾客就餐完毕，服务员应礼貌送宾客至门口，采用45度鞠躬礼配合服务敬语，如“请慢走，欢迎下次光临”等。最后目送他们离开至远处才转身返回餐厅。

三、餐后服务礼仪

收餐工作有时候是当着其他宾客的面进行的，例如在大厅里。中餐就餐完毕后的餐桌往往场面惨不忍睹，而服务员往往会把剩余的菜肴倒在一起，在相当程度上会影响其他桌宾客就餐的心情，因此收餐时应尽量缩短时间，可以多名服务员配合完成，餐盘最好收到备餐台后再做进一步处理，或者使用移动服务车，控制不必要的噪声，为宾客提供安静的就餐环境。现在提倡光盘行动，点菜时服务员根据客人人数建议点菜数量，同时席间也应做好菜肴服务工作，这样在收餐时会相应地减少一些工作。

延伸阅读

中华传统饮食

随着餐饮业的蓬勃发展、人民生活水平的日益提高，每逢我国年节重大日子，餐馆总会客满。作为餐饮从业人员有必要了解与节日、节气有关的饮食习惯。

（1）春节：喝元宝茶、吃春酒、吃年糕、吃饺子、吃团圆饭等。

（2）元宵节：吃汤圆。

（3）端午节：吃粽子、喝雄黄酒、食盐蛋、饮菖蒲酒、吃蒜等。

（4）中秋节：吃月饼、吃瓜果。

（5）重阳：吃糕、饮菊花酒。

（6）冬至：吃赤豆粥、吃饺子、吃馄饨、吃羊肉等。

（7）腊八：喝腊八粥。

任务评价

序号	评价项目	评价标准	评价结果			
			优	良	合格	不合格
1	迎宾引位	积极主动，热情礼貌，面带微笑，使用敬语				
2	拉椅让座	姿态规范，态度真诚，声音适度，讲究顺序				
3	小毛巾服务	姿态规范，态度真诚，声音适度，讲究顺序				
4	茶水服务	姿态规范，态度真诚，声音适度，讲究顺序				
5	洗手盅服务	姿态规范，态度真诚，声音适度，讲究顺序				
6	上菜服务	姿态规范，态度真诚，声音适度，讲究顺序				
7	撤换餐具	姿态规范，态度真诚，声音适度，讲究顺序				
8	巡台服务	主动热情，态度真诚，声音适度，耐心周到				
9	送客服务	姿态规范，面带微笑，声音适度，精神饱满				

任务练习

一、实操练习

（1）按照饭店餐厅餐前服务的操作标准进行练习。

认真按照中餐厅正方形餐桌、长方形餐桌、圆形餐桌座次安排的标准进行练习，尤其注意首位的确定。

学生、教师共同交流怎样更好地在餐前服务礼仪的小细节中体现对宾主的尊重。

实操后参与任务评价，写成实训小结。

（2）按照饭店餐中服务情境进行对话并练习。

以小组模拟形式，重现餐中服务各环节。要求在任务演练时以各服务环节的礼仪要领为重点先演练后评价。

可以是教师与学生间的角色扮演，也可以是学生相互间的角色扮演。

学生、教师共同交流怎样在中餐厅对客服务中体现优雅的就餐礼仪。

实操后参与任务评价，写成实训小结。

二、试题练习

1. 填空题

（1）中餐厅座次以 ________________ 为原则。

（2）筷子摆放的方法为 ________________。

（3）迎宾引位时，服务员应走在宾客 ________ 侧。

（4）最得体的入座方式是从座位的 ________ 侧入座。

2. 简答题

（1）在就餐过程中如何帮助宾客展现优雅的就餐礼仪？

（2）请列举说明菜肴和公用餐具的最佳搭配。

任务 2　西餐服务礼仪

任务目标

- 能在西餐服务中体现礼仪要求；
- 能体现西餐厅服务员的礼仪规范及标准。

任务安全与其他注意事项

- 身体状态良好，精神饱满；
- 面带微笑，礼貌用语使用规范。

任务导入

很久以前看过一部外国电影，里面讲述了这样一个场景。

一位商务男士带女伴出席一个工作餐活动，主要是商讨公司并购事宜，对方是一老一少两位男士。刚进入餐厅，一老一少两位男士纷纷起身相互介绍，同时非常尊敬地请女士先入座。商务男士主动为女伴拉椅让座，服务员为男士服务。点菜时商务男士主动帮女士点单。由于这名女士社会地位低微，没有过这种高档餐厅就餐的经历，不知道就餐时菜肴与刀叉搭配的使用规则，闹出了不少笑话，例如头盆不知道用哪副刀叉，夹取法式蜗牛的时候动作不当蜗牛飞了出去，将装饰冰激凌的薄荷叶放在嘴里嚼等。为了化解尴尬的场面，不管是在场的男士还是服务员都做到了对她善意的维护。例如飞出去的蜗牛被站立于一侧的服务员用手接住，然后从容地说了一句“经常会发生这种事情。”

饭店通常有星级评定之衡量，不只是硬件，亦有软件。全球有名的三星米其林餐厅也会出现椅子缺角的现象，但好的餐厅向宾客提供优质菜肴及服务往往会让人忘却那一角。

相关知识

一、餐前服务礼仪

西餐厅服务员在宾客到达之前的主要工作就是摆放桌椅、准备各种开餐用具、熟悉预订情况等。首先应根据各餐厅的具体情况合理布局餐桌，确定各桌首位。

（一）座次安排

西餐厅多使用正方形、长方形餐桌，也非常重视吃饭时座次的安排（图 3-7、图 3-8）。座次以“以右为上、面门为尊”为原则。离门口远、背靠墙、面对窗外优美景色的位子就是首位。西方尊重女性，排座位时对女性也有诸多照顾。首位是面门的 1 号位，多是为这席中年龄最高的长者、女宾准备的，而主人往往坐末尾。作为服务员，清楚知道座次原则后便于开展自己的工作。

图 3-7　正方形餐桌座次图

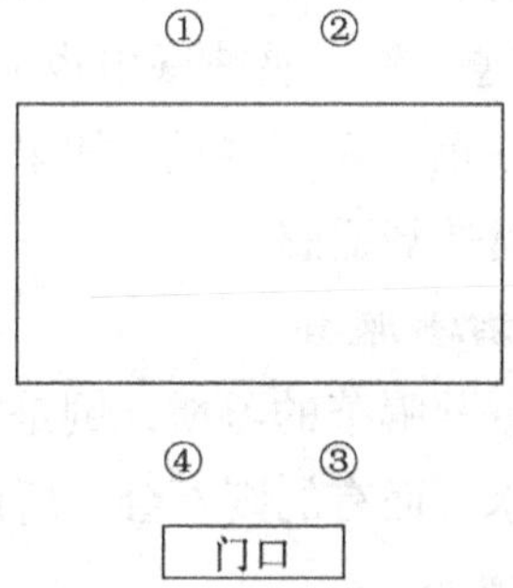

图 3-8　长方形餐桌座次图

（二）摆台

西餐桌上摆放什么餐具是根据宾客所点的菜肴而确定。宾客使用餐具的顺序是从外到内，服务员一定不要摆放错误。每道菜肴都有自己配套的餐具，不一定每位宾客都清楚每道菜肴的就餐用具。一旦服务员摆放出错，宾客用了不相匹配的餐具将很是尴尬。拿取餐具和酒杯时应特别注意手法卫生，例如拿杯柄的下半部。同时上餐具前检查餐具时，应对着光线检查杯子的清洁程度，因为宾客会习惯对着光线观察佐餐酒的色泽，从而评判酒质；高级西餐厅多使用镀银或纯银的金属餐具，手拿取时很容易留下指纹印，这时我们可以戴上手套来做摆台工作。

二、餐中服务礼仪

香格里拉酒店的企业文化信条之一是：始终如一地为客人提供优质服务。这是值得我们学习的。不管中餐还是西餐，服务员的工作都是帮助宾客更优雅地就餐。

（一）迎宾引位

人们在高级西餐厅的用餐时间比较长，加上这里常常餐位有限，客满后让其他客人在门口等候个半小时就不太好了。所以去西餐厅就餐常常需要预订座位。服务员应熟悉当天餐次的预订情况，每位宾客的姓名，以便在接待中能更快为宾客提供融洽的气氛。例如“张先生，非常欢迎您的到来，请跟我走，我们已经为您预留了座位。”多数餐厅会在餐厅门口为宾客提供存放服务，例如雨伞、外套、帽子等，这可以防止将外面的灰尘带进餐厅里，体现了卫生安全意识。服务员在提供此项服务时，要特别注意安全保障，例如外套不要倒挂，以免物品遗失等。

（二）拉椅让座

从进餐厅开始，“女士优先”原则就应时刻有所体现。服务员会走在女士的前面，女士会走在男士的前面。服务员应首先为女士拉椅，不过也有些男性宾客会为女士拉椅，这是一种风度。

（三）餐巾服务

递铺餐巾的最佳时机是当宾客入座后稍事休息时。不要让宾客点餐完毕后或者上菜时才打开餐巾。递铺餐巾是为了表明所有工作各就各位，可以为宾客服务了，宾客也可以与他人愉快地享受这一餐。递铺餐巾也应遵循“女士优先”的原则，在宾客右侧递铺餐巾时，服务员右手在前，左手在后（如果相反，你会发现左手肘部很容易撞到宾客），与宾客保持适当距离营造舒适感。

（四）餐前酒水服务

西方人没有餐前喝茶的习惯，倒是在餐前都有喝点饮料、酒的习惯。有的餐厅会为宾客提供免费的冰水，而有的则不会，所以服务员应及时询问宾客的需求。

（五）点菜服务

西方人付账习惯“AA”制，很多场合都是各付各的，甚至有人约你吃饭，他也只是这个饭局的发起者，仅此而已，到最后饭钱还是自己付。他们的礼节就是谁也不占谁便宜，谁也不欠谁的。服务员要学会点单时按座位示意图来记录每位宾客所点菜肴，方便宾客分单结账。

（六）上菜服务

根据座位示意图来上每一道菜，而不需要去询问宾客。西餐里菜肴跟酒水搭配的讲究要多些，几乎每道菜都有相匹配的酒水，上每一道菜肴之前为每位宾客斟倒相应的酒水，为宾客提供完美的就餐环境。一桌宾客的菜肴应尽量同时提供，不要出现让某位宾客苦等，守着别人就餐的情况。

（七）撤换餐具

宾客餐盘中并排放着刀叉时，表示可以撤盘。作为服务员的你要灵活处理“撤盘”，一桌客人要尽量统一上菜节奏、撤盘节奏。

（八）巡台服务

就餐过程中某些宾客出现暂时离席的情况，他 / 她会把刀叉摆成八字形，餐巾会放在椅子坐面上或搭在椅背上，如图 3-9。作为服务员，你要能准确识别什么时候需要帮助宾客拉椅让座。

图 3-9　离座餐巾摆放

西餐用完一道菜肴的时候，服务员会从餐桌上收走跟这道菜肴相搭配的就餐用具，例如刀叉、盘、酒杯等。及时清理台面、保持台面的清洁美观是服务员为宾客提供舒适的餐中服务礼仪的体现。就餐期间，宾客不慎有刀叉、餐巾掉落时，服务员应及时地为其补充新的用具，同时告知宾客你会来拾起收走地上物品，请他 / 她安心用餐。

（九）送客服务

当首位的宾客把餐巾放在餐桌上，就表明该桌客人要离开了，服务员要及时上前帮助宾客拉椅，礼貌护送宾客至门口，拿回存放的各种物品，并目送他们离开，使用服务敬语"请慢走，欢迎下次光临"等。

为了保证最迅速的服务，西方很多国家有付小费的习惯。根据你的服务表现宾客会悄悄付给一定金额的小费在盘底或你的手心里，不要急着退还给宾客，以免造成尴尬的局面，应尊重理解他们的习惯，可以根据饭店规定来处理小费。

三、餐后服务礼仪

西餐越吃到后面，桌面越干净简洁。相对地服务员收餐工作会简单很多，注意控制不必要的噪声，为宾客提供安静的就餐环境。例如重新布置餐桌时，相对中餐来说，摆放餐盘、刀叉等，硬物撞击桌面的概率更大一些。要时刻有宾客意识，拿取各种餐具时讲究手法，拿碟的边侧、刀叉的后半部、杯柄的下半部等。

延伸阅读

刀叉用法——英式、法式摆法不同

图 3-10　法式餐中

图 3-11　英式餐中

图 3-12　法式餐毕

图 3-13　英式餐毕

任务评价

序号	评价项目	评价标准	评价结果			
			优	良	合格	不合格
1	迎宾引位	积极主动，热情礼貌，面带微笑，使用敬语				
2	拉椅让座	姿态规范，态度真诚，声音适度，讲究顺序				
3	餐巾服务	姿态规范，态度真诚，声音适度，讲究顺序				
4	餐前酒水服务	姿态规范，态度真诚，声音适度，讲究顺序				
5	点菜服务	姿态规范，态度真诚，声音适度，讲究顺序				
6	上菜服务	姿态规范，态度真诚，声音适度，讲究顺序				
7	撤换餐具	姿态规范，态度真诚，声音适度，讲究顺序				

续表

序号	评价项目	评价标准	评价结果			
			优	良	合格	不合格
8	巡台服务	主动热情，态度真诚，声音适度，耐心周到				
9	送客服务	姿态规范，面带微笑，声音适度，精神饱满				

任务练习

一、实操练习

（1）按照饭店西餐厅餐前服务的操作标准进行练习。

按西餐厅正方形桌、长方形桌座次安排的标准认真练习，尤其应注意首位的确定。

按要求认真练习西餐厅基本摆台，注意拿取餐具的手法。

学生、教师共同交流怎样更好地在餐前服务礼仪的小细节中体现对宾主的尊重。

实操后参与任务评价，写成实训小结。

（2）按照饭店餐中服务情境进行对话并练习。

以小组模拟形式，重现餐中服务各环节。要求在任务演练时以各服务环节的礼仪要领为重点加以演练和评价。

可以是教师与学生间的角色扮演，也可以是学生相互间的角色扮演。

学生、教师共同交流怎样在西餐厅对客服务中体现优美文雅的风度。

实操后参与任务评价，写成实训小结。

二、试题练习

1. 填空题

（1）西餐厅座次以 ______________________________ 为原则。

（2）整个就餐过程中“________________”原则应时刻有所体现。

（3）西方就餐时宾客多习惯“AA”制付账，因此服务员在点菜时应按 ________ 来记录每位宾客所点菜肴。

2. 简答题

（1）在就餐过程中如何帮助宾客展现优雅的就餐礼仪？

（2）如何完美地为宾客递铺餐巾？

（3）如何理解“小费”问题？你得到“小费”该如何处理？

任务3　宴会服务礼仪

任务目标

- 能在宴会服务中体现礼仪要求；
- 能体现宴会厅服务员的礼仪规范及标准。

任务安全与其他注意事项

- 身体状态良好，精神饱满；
- 面带微笑，礼貌用语使用规范。

任务导入

多年前有看过一部专门演绎酒店服务员工作的电视剧，其中有一段就是酒店举行周年庆活动。

众多宾客在休息室等候，后厨准备的精美冷盘已到位，宴会厅内经理和各服务员正在做最后的检查工作。这是一场主办方举办的周年庆庆祝活动，为了烘托气氛，宴会厅内调暗了灯光，在每张桌子上点燃蜡烛。同时为了令宾客能顺利找到各自餐桌，宴会厅经理在宴会厅门口设置了场地示意图，安排在宴会厅每个出入口由对应服务员引位。宴会马上就要开始了，各岗位服务员准备就绪，倒计时“5、4、3、2、1”。随着音乐的响起，宴会厅大门缓缓开启，站在各方位的服务员整齐地向来宾鞠躬问候。服务员主动询问宾客桌次，并为其引领就座，热情为宾客倒冰水，耐心回答宾客提问，每位宾客和服务员脸上都洋溢着幸福快乐。

宴会，是政府机关、社会团体、企事业单位或个人为了表示欢迎、答谢、祝贺等社交目的的需要及庆贺重大节日而举行的一种隆重、正式的餐饮活动。因此每个饭店都非常重视宴会的服务管理，都会尽可能满足宾客提出的要求，为他们提供尽善尽美的服务。

相关知识

一、宴前服务礼仪

宴会根据性质来分，可分为国宴、正式宴会、家宴等；按菜式来分，可分为中餐宴会、西餐宴会及其他国家宴会等。

（一）台型布局和座次安排

中国人讲究团团圆圆，宴会厅多采用圆形餐桌，桌次按照“中心第一、先右后左，高近低远”的原则安排。桌次图见图 3-14 和图 3-15。

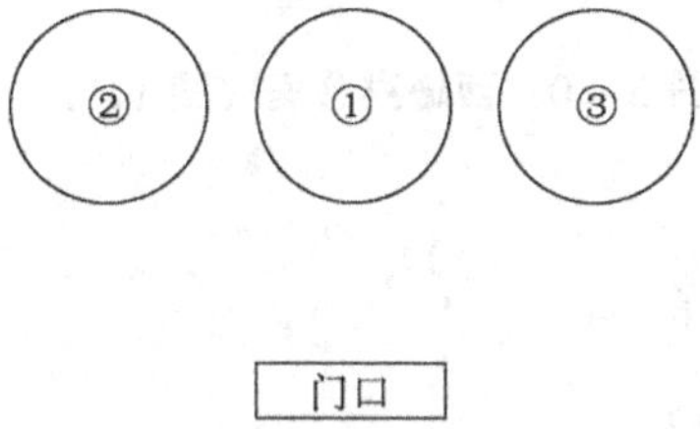

图 3-14　中餐宴会桌次图（1）

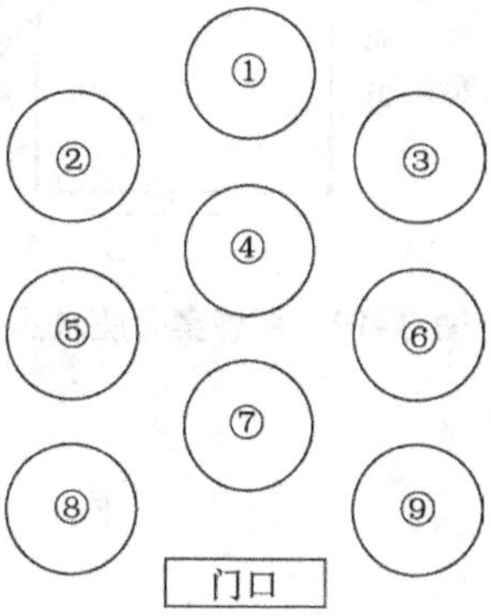

图 3-15　中餐宴会桌次图（2）

西餐宴会也可选用圆形桌，但大多选用长方形桌拼凑成各种台型，例如一字形、T 字形、U 字形。

宴会的座次安排遵照国际惯例，以“面门为尊、先右后左、高近低远”为原则。主人位面门，右侧是主宾位。服务员要清楚知道座次原则，从而便于自己的工作，例如在点菜、斟酒服务时，都能应付自如。

中餐宴会的座次安排见图 3-16 至图 3-18：

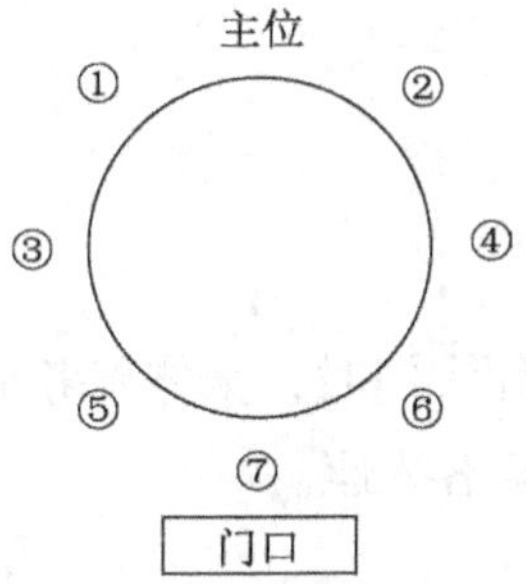

图 3-16　中餐宴会座次图（1）

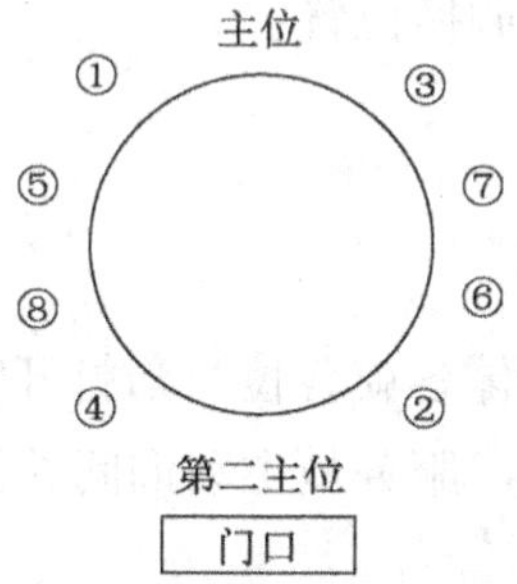

图 3-17　中餐宴会座次图（2）

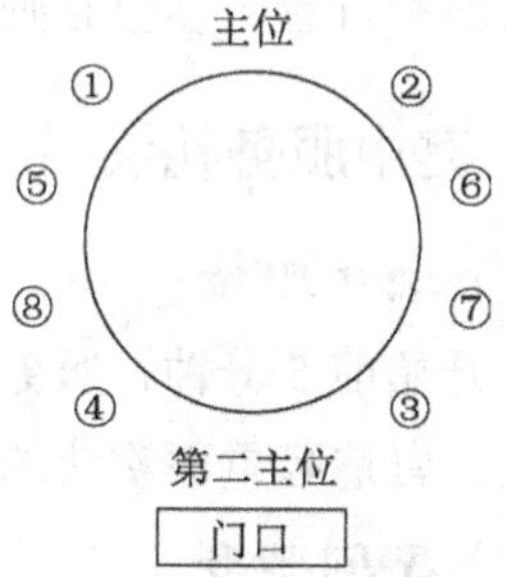

图 3-18　中餐宴会座次图（3）

西餐宴会为了更广泛地与人沟通，夫妻通常分开坐。男士为了照顾女士，通常会穿插坐在女士座席中间，因此西餐宴会座次安排见图 3-19 至图 3-21：

为了方便宾客尽快入座，在宴会厅门口应设置桌次安排平面示意图，每张桌面设置台号。

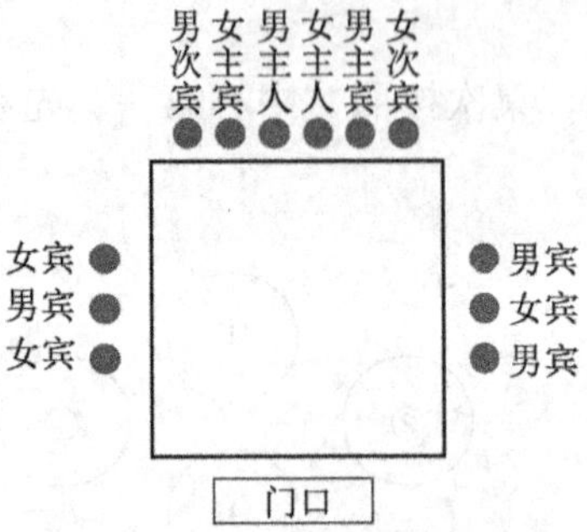

图 3-19　西餐宴会座次图（1）

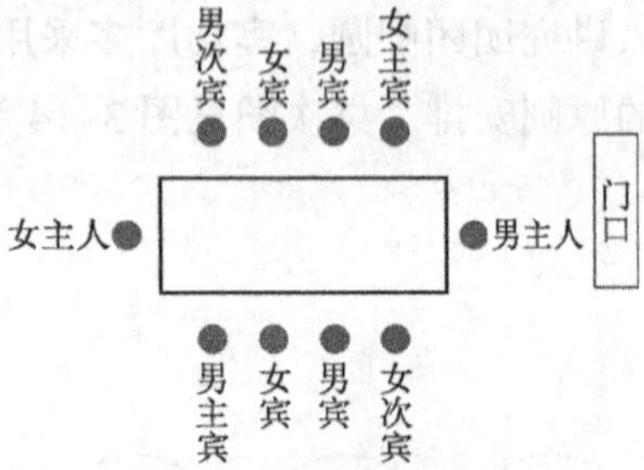

图 3-20　西餐宴会座次图（2）

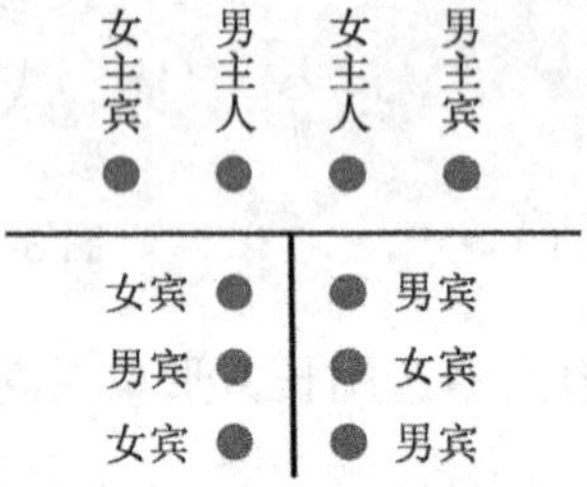

图 3-21　西餐宴会座次图（3）

（二）国旗悬挂

根据宴会性质，国宴活动要在宴会厅的正面悬挂或竖立两国国旗。国际惯例以右为来宾方，左为东道主。由中国政府邀请来宾时，中国的国旗挂在左方，外国的国旗挂在右方。来访国举行答谢宴会时则互相调换位置。

二、宴中服务礼仪

（一）迎宾引位

宴会开始前 5 分钟，服务员全体各就各位。当打开宴会厅大门时，全体服务员向宾客鞠躬问候，营造隆重而欢快的气氛。服务员主动询问并引导宾客入座。

（二）席间服务

宴会服务讲究统一协调，例如上菜、撤盘应根据主桌节奏进行，服务员应礼貌尊重主人的安排。主动征求宾客对菜肴的意见，及时反馈至厨房。

席间有宾主致辞或演奏国歌时，服务员要停止操作，退至工作台，双手侧立，保持安静。

为了避免影响宴会的气氛，服务员要做到“三轻”：走路轻、说话轻、操作轻。为了提高宾客对服务的满意度，要做到“四勤”：勤巡视、勤问斟、勤换烟灰缸、勤换骨碟。

三、宴后服务礼仪

宴会结束，所有服务员要各就各位欢送宾客离场，主动提醒宾客带走随身物品。宴会结束后的第三天与宴会主人取得联系，询问宴会满意度，建立良好的宾客关系，充实客史档案。

延伸阅读

高质量的服务态度

身体语言：在谈话中身体语言传达了我们2/3的语言信息。面部表情、眼神的接触、微笑、手部的小动作及身体移动，皆会传递对客人的态度。

用心服务：熟记顾客的姓名反映出服务员对客人的在意，也是对客人的尊重，人们永远觉得自己的名字是最悦耳的。

殷勤周到：殷勤的服务员待客如"人"而非"物"，他们知道生意兴隆是来自礼貌、友善和尊重的服务。

培养共识：适时说适当的话是一项重要的技巧。避免说会令客人产生误会的话，随时保持机智并注意到什么该说什么不该说，以提高顾客的满意度。

任务评价

序号	评价项目	评价标准	评价结果			
			优	良	合格	不合格
1	迎宾引位	积极主动，热情礼貌，面带微笑，使用敬语				
2	席间服务	积极主动，耐心周到，统一协调，善于观察				
3	送客服务	姿态规范，面带微笑，声音适度，精神饱满				

任务练习

一、实操练习

（1）按照饭店宴会前服务的操作标准进行练习。

按要求认真练习中、西餐台型设计原则的应用，尤其注意不同数量餐桌桌次的确定及不同形状、大小场地的主次桌的确定。

按要求认真练习中、西餐台各桌座次安排，尤其注意主位和主宾位的安排。

学生、教师共同交流怎样更好地在餐前服务礼仪的小细节中体现对宾主尊重。

实操后参与任务评价，写成实训小结。

（2）按照饭店宴中服务情境进行对话并练习。

以小组模拟形式，重现宴会中各服务环节。要求在任务演练时以各服务环节的礼仪要领为重点加以演练和评价。

可以是教师与学生间的角色扮演，也可以是学生相互间的角色扮演。

学生、教师共同交流怎样在宴会对客服务中体现不同性质的宴会的气氛。

实操后参与任务评价，写成实训小结。

二、试题练习

1. 填空题

（1）中餐宴会厅的桌次以____________________为原则来安排。

（2）举行国宴时，悬挂国旗的国际惯例是“________________”。

2. 简答题

（1）以十人一桌为例，画出圆桌的正式宴会座次安排图。

（2）请你归纳出宴会中需要统一协调服务员操作的服务环节。

任务4　酒水服务礼仪

任务目标

- 能在酒水服务中体现礼仪要求；
- 能体现酒水服务员的礼仪规范及标准。

任务安全与其他注意事项

- 身体状态良好，精神饱满；
- 面带微笑，礼貌用语使用规范。

任务导入

我国自古有“酒以成礼”之说。《左传》中有这样的说法，“君子曰：酒以成礼，不继以淫，义也。以君成礼，弗纳于淫，仁也。”以前酒的酿造技术不够成熟，产量少，平时人们很少饮酒，只在祭祀等重大典礼时才得以享用。先献于天地、鬼神，成为“礼”的一部分。后世由于饮酒日益变得日常化，酒礼多偏重于宴会规矩。

相关知识

一、餐前酒水服务礼仪

什么酒配什么杯，酒杯设计者在酒杯设计中加入了人体工程学的原理。例如葡萄酒用郁金香花形的酒杯，酒吧的啤酒杯和就餐时的啤酒杯就有所不同，香槟杯，如图 3–22，有长笛形和浅碟形之分。服务员应准确掌握各种场合酒杯的选用，以便宾客优雅就餐礼仪的展现。例如长笛形的香槟杯可以方便宾客在就餐过程中欣赏香槟酒的气泡在杯中的美妙变化；而浅碟形的香槟杯更适合用在庆祝活动中，这种场合多需要干杯来表示庆贺，这种杯身的设计让宾客不需过多仰头就可以做到，更能体现饮酒人的优雅体态。

图 3–22　香槟杯

二、餐中酒水服务礼仪

西餐饮酒很讲究，会在不同的场合饮不同类型的酒。餐前喝开胃酒，餐中喝佐餐酒，餐后喝帮助消化的酒。中餐席间可同时提供软饮料、葡萄酒、烈酒供宾客选用。一般先斟葡萄酒，再斟烈酒，最后是软饮料。

服务员应帮助宾客挑选适合所点菜品的酒水，并确保酒水的温度适合饮用。例如中国黄酒需要加热后再提供给宾客，而白葡萄酒则需要先进行降温处理。这样可以让酒水达到最佳的口感。开瓶前首先向主人示酒，如图 3–23，主要是展示酒瓶的正标部分，确定符合宾客需求后才开瓶。为了方便主人优雅舒适地进行这个环节，服务员应站立于宾客的右前侧，左手托瓶底，右手扶瓶颈，让商标处于宾客视线之内。开瓶后为主人斟倒 1/5 的酒水并请其确认酒水质量是否满意，无误后从主宾或女宾开始顺时针为宾客斟酒，最后为主人服务。

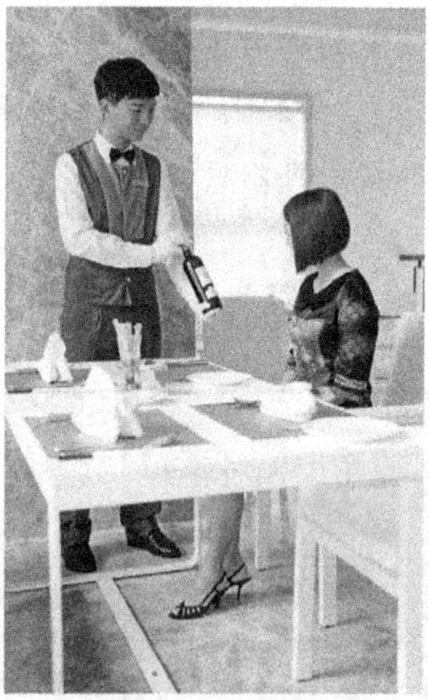

图 3–23　示酒

站立于宾客右后侧，右手靠近自己的腰部从宾客身侧将酒瓶口置于杯口上方2厘米处为宾客斟酒，注意控制酒水的流量和流速，注意手臂伸直，特别是手腕和手肘的地方，少占用“客用空间”也是我们表达礼仪的一种方式。到达斟酒量时通过旋转瓶身来处理在瓶口的酒水以免滴落在餐桌或宾客衣物上。斟酒前应礼貌提示宾客，“打扰一下，请问可以为您斟酒了吗？”斟酒完毕可以提醒宾客，“请慢用。”就餐过程中，服务员应随时观察宾客酒杯内的饮酒情况，不足1/5时要及时增添酒水，斟酒或倒茶时有的宾客会在桌上用手指轻叩几次，这是在向你表示感谢，作为服务员你可以说，“非常高兴为您服务”，以示回应。斟酒是需要细致和耐心的工作。规范、迅速、优美的斟酒动作往往会给宾客留下美好的印象。因此，在餐饮服务礼仪中，斟酒也是一个重要的环节。

宴会中常常安排宾主致辞，之后有祝酒活动，服务员应准备相应的酒水服务工具，例如托盘、餐巾、服务酒水等，跟随宾主到场地各处进行社交活动以方便续酒，以便顺利完成此项活动。

三、餐后酒水服务礼仪

主动询问宾客是否需要把未喝完的酒水在饭店暂存或带走。

延伸阅读

1.“叩指礼”

即以右手拇指、食指、中指捏在一起，指尖向下，轻叩几下桌面表示对斟酒的感谢。

2.“红配红，白配白”

“红配红”是指红葡萄酒配肉类。红酒中的单宁是一种酸性物质，可以分解肉中的蛋白质，避免油腻，产生良好的口感。多汁肥腻的牛排搭配单宁含量高一点的红酒，不那么油腻的鸡肉可搭配单宁含量适中的红酒。

“白配白”是指白葡萄酒配海鲜。海鲜腥味重，爽口的干白葡萄酒可以去腥味，这样的搭配可以提升口感。

任务评价

序号	评价项目	评价标准	评价结果			
			优	良	合格	不合格
1	示酒	面带微笑，声音适度，姿态规范，使用敬语				
2	斟酒	姿态优雅，动作敏捷，讲究顺序，使用敬语				

任务练习

一、实操练习

（1）按照饭店餐前酒水服务礼仪进行练习。

按要求认真练习各酒水与适用杯具的搭配，可以通过实物、网络、书籍等多种途径认识各类酒杯，尤其注意杯具设计中人体工程学的运用。

可以进行酒杯、酒杯名称、相关酒水的对应练习，可以是实物搭配，也可以是在纸上两两连线练习。

学生、教师共同收集酒水与酒杯信息，交流如何让宾客更优雅地饮酒。

实操后参与任务评价，写成实训小结。

（2）按照饭店餐中酒水服务情境进行对话并练习。

以小组模拟形式，重现为宾客处理酒温、示酒、开瓶、品酒、斟酒等环节。要求全过程演练，重点考核服务礼仪。

可以是教师与学生间的角色扮演，也可以是学生间的角色扮演。

学生、教师共同交流在演练过程中的服务感受，并分享服务技能。

实操后参与任务评价，写成实训小结。

二、试题练习

1. 填空题

（1）当宾客杯中酒水不足 ________ 时应为宾客续斟酒水。

（2）开瓶前向 ________ 展示酒水商标，让宾客验看。

（3）为宾客斟倒酒水的顺序是先主宾或女宾，然后 ________ 方向进行，最后为 ________ 斟倒。

2. 简答题

（1）怎样更优雅地为宾客斟酒？

（2）请你列举十款不同的酒杯及其对应的酒水。

项目四

饭店康乐服务礼仪

项目描述

康乐部是整个饭店组织机构中的重要组成部分，是星级饭店等级的重要标志之一，是星级饭店必备的项目和条件，也是星级饭店吸引客源、增加经济收入的重要手段。康乐部各营业项目存在着相当的差异性，分布面广，工种多，能够满足不同背景、不同层次客人的生活需要和精神需要，使客人的生活更加丰富多彩。作为康乐服务人员除了应具有各种专业技能和服务知识外，同样还需要讲究服务的礼仪规范。

本项目由康体休闲、保健休闲和娱乐休闲项目服务礼仪三个任务构成。每个任务包括任务的具体内容、操作程序与标准及礼仪要求、任务实训演练和对学生学习效果的评价。培养学习者在康乐服务中用专业和真诚，为客人营造一个健康、积极的环境和氛围。

学习目标

1. 能在康体休闲项目中按照服务礼仪要求进行对客服务；
2. 能在保健休闲项目中按照服务礼仪要求进行对客服务；
3. 能在娱乐休闲项目中按照服务礼仪要求进行对客服务；

任务1　康体休闲项目服务礼仪

任务目标

- 能正确运用健身房服务礼仪对客服务；
- 能正确运用保龄球馆服务礼仪对客服务；
- 能正确运用游泳池服务礼仪对客服务。

任务安全与其他注意事项

- 身体状态良好，精神饱满；
- 着装整洁，符合行业要求；
- 面带微笑，礼貌用语规范。

任务导入

林先生是香港人，受聘于一家外资企业，常住饭店。一天的繁忙工作之余，他总喜欢来到饭店台球室同服务员练球两三个小时。他和服务员们都很熟。在这里，除了能像老朋友似的聊天之外，他感觉自己的台球技艺不断进步，每回都与对手不相上下。在他看来，唯有在此，才没有约束感，才能体会斯诺克的绅士风度，体验不相上下的竞技魅力。

某日，接待他的是一个刚来不久的年轻实习生，小伙子热情接待林先生，并答应陪打服务。但是，短短的一个多小时，小伙子干净利落地以大比分赢了林先生两局，让林先生觉得自己与他根本不在一个水准上，只有初学者的笨拙感与尴尬。他沮丧地提早买了单，并索然无味地离开了台球室。

此后，林先生再没来这里打过台球，后来得知他经常出入另一家台球室。

相关知识

康体休闲项目是指人们借助一定的康体设备设施和环境，通过自己的积极参与来调节心情、促进身心健康，达到休闲、交友目的的体育锻炼项目。康体休闲既可以锻炼身体、增强体质，又可以放松精神，帮助客人在快乐的气氛中取得有益身心健康的良好效果。

一、健身房服务礼仪

星级饭店健身房均设有各种组合健身器械和单一健身器械，以满足不同客人的需求。健身活动的目的一是减肥，二是通过锻炼使身体更加健美，三是消除疲劳。饭店健身房工作人员主要负责客人健身锻炼的各项服务工作。

健身房服务程序与标准及礼仪要求如下。

（一）准备工作

（1）按照部门要求换好工装，佩戴胸卡，仪容仪表整洁、大方、得体，符合饭店行业的外在形象礼仪要求，不能佩戴过多首饰。

（2）开灯，保证室内采光均匀，符合照明规定。开启空调，室温保持在18℃~22℃。打开通风装置，开启音响设备，调试背景音乐，为客人营造一个温馨、舒适的环境。

（3）做好健身房、休息区、更衣室、卫生间的清洁卫生工作。清洁、调试器械并摆放整齐。准备好为客人服务的各种用品，如纯净水、毛巾、纸杯等。

（二）接待工作

1. 微笑迎宾

当客人来到健身房时，按照微笑礼仪的规范要求，主动热情地问候，表示欢迎。当与客人目光接触的瞬间，要目视对方展露微笑，微笑时露出6~8颗上前牙，同时配合手势动作，伴随相应的礼貌用语“您好，欢迎光临。”

2. 双手接物

当客人出示券票、房卡或会员证时，服务员应双手接过并认真核对信息，做好登记。发放更衣柜钥匙、毛巾等物品时，也须用双手递送物品。

递接物品操作方法及礼仪要求如下。

（1）若递接的是房卡、会员证或名片等带有文字信息的物品，应上半身稍向前倾15度，眼睛看向对方，面带微笑；接过后要认真阅读上面的信息并核对，将之妥善保管，不可随意放置或丢弃。

（2）若递送的是其他生活物品，应将标签或开口朝向客人，方便客人使用。

（3）若递送的是钥匙、剪刀一类较尖锐的物品，应将锋利的一面朝向自己，以免误伤客人。

3. 引领到位

引领客人到相应的区域，并介绍健身房的基础环境。当客人在健身时，根据客人的要求提供讲解、示范服务。

引领到位的操作方法及礼仪要求如下：运用下斜臂式手势动作，行走在客人的侧前方，手指朝向前进方向，面带微笑，搭配相应礼貌用语“您好，这边请。”

下斜臂式手势动作要领：五指伸直并拢，手臂微曲，从身前抬起30度，掌心向上，手臂向下呈一斜线。

（三）结束工作

当客人离开时应主动道别、致谢，欢迎下次光临。打扫健身房卫生，清洁器械，清点物品。核对营业单据，做好交接班记录。关闭空调、照明，切断电源，关好门窗。

二、保龄球馆服务礼仪

保龄球运动是一种室内球类运动。由于它不受年龄、性别、体力的限制，也不受时间、气候等外界条件的影响，运动量适中，易于开展，因此保龄球运动成为老少皆宜的流行项目。在许多星级饭店里都设有保龄球馆。作为康乐部服务人员，应掌握一定的保龄球服务礼仪规范，进行对客服务。

（一）预订服务

在接到电话预订后，按照电话礼仪的规范要求，主动介绍保龄球馆的情况和价格，并记录下预订人的姓名、电话、来客人数、时间、预订球道数量等内容，强调保留预订的时间，最后向客人重复信息以便确认。

（二）准备工作

（1）按照部门要求换好工装，佩戴胸卡，仪容仪表整洁、大方、得体，符合饭店行业的外在形象礼仪要求，不能佩戴过多首饰。

（2）开灯，保证室内采光均匀，符合照明规定。开启空调，打开通风装置，准备好为客人服务的各种用品，如纯净水、毛巾、纸杯等。

（3）将公用鞋按号码重新排列，并填写数量单。检查保龄球机械系统，保证系统正常运转。

（三）接待工作

（1）主动问候，将客人引领至柜台办理手续。如客人有预订，则确定预订内容后办理开道手续；若客人没有预订，则礼貌地请客人稍作等候。对于住店客人，请其出示房卡或房间钥匙，并准确记录客人姓名、房号。

（2）根据客人要求、人数及球道出租情况安排球道。为客人安排领鞋手续，引领客人到相应球道。如客人需要陪打或教练，应做出相应安排。陪打时应注意分寸，掌握输赢尺度，照顾到客人的心理需求。

（3）进行球馆巡视服务，观察设备操作是否准确。客人休息时，应主动询问其是否需要饮品或小吃，并双手为客人递上毛巾。

（四）结束工作

（1）协助客人办理结账手续，提醒客人归还公鞋。向客人致谢，欢迎再次光临。立即打扫球道的座位区、地面、记分台、茶几等。

（2）关闭所有机器，对保龄球馆进行全面清理。

三、游泳池服务礼仪

游泳是休闲体育运动中最受人们喜爱的运动之一，能有效提高人体各部位的协调能力，现已成为现代人生活中不可缺少的一项娱乐运动。随着国内星级饭店逐渐与国际接轨，游泳池已成为星级饭店评定考核的一项指标。游泳池服务员不仅要保证客人衣物和人身安全，还应按照客人人数递送毛巾，提供饮料服务，有时还会提供陪练服务。

（一）准备工作

（1）按照部门要求换好工装，佩戴工号牌，仪容仪表整洁、大方、得体，符合饭店行业的外在形象礼仪要求，不能佩戴首饰以免伤到客人。

（2）每天早晨在对客开放前，做好池水净化工作，保持水质的纯净、卫生。清洁池边卫生。

（3）检查更衣室，补充易耗品。

（二）接待工作

（1）客人来到游泳池时，按照微笑礼仪的规范要求，主动热情问候，表示欢迎，伴随相应的礼貌用语“您好，欢迎光临。”运用横摆式手势动作将客人引领到相应区域。

横摆式手势动作要领：五指伸直并拢，手掌展开，掌心斜向上，手掌与地面成45度，小手臂与腰线齐高。操作动作时，手从腹前抬起，以肘关节为轴向右摆动，到身体右侧稍前的地方停住。

（2）双手为客人送上更衣室钥匙和毛巾，以示尊重，并提醒客人妥善保管好自己的贵重物品。

（3）在客人游泳过程中加强巡视，时刻注意游泳者的动态，特别对老年人、儿童和酒后客人要多加注意，以免发生意外。

（4）客人在中间休息时如需要饮料，应热情地为客人提供饮料。

（三）结束工作

（1）及时检查、清理更衣柜，若有客人遗忘物品，应向领班或主管汇报，以便及时归还客人。

（2）整理用具，检查水质，进行池水净化和消毒。

（3）停止机房一切机械的运转，做好安全检查后，关闭电源，锁好门窗。

延伸阅读

打保龄球的好处

（1）满足在现代文明社会里人性潜在的破坏欲，缓解、消除工作和生活中的压力。

（2）不分年龄、性别，男女老少均能参与。无论个人体质好坏，都可能得到好的成绩。

（3）不管身体素质的强弱，只要通过努力均可得高分，因此可培养和增强人的自信。

（4）弥补日常工作和生活重负下运动量不足的缺憾。

（5）室内运动不受天气、季节的影响，保龄球馆还是文明的社交场所。

游泳的好处

（1）增强心肌功能；

（2）增强抵抗力；

（3）减肥；

（4）健美形体；

（5）加强肺部功能；

（6）护肤。

任务评价

序号	评价项目	评价标准	评价结果			
			优	良	合格	不合格
1	迎宾	积极主动，热情礼貌，面带微笑，使用敬语				
2	接物	双手递送，妥善放置，态度真诚				
3	引领	手势动作规范，搭配恰当礼貌用语				
4	服务	周到、细致、热情、主动				
5	道别	能用礼仪规范及标准道别				

任务练习

一、实操练习

根据康体休闲项目的不同，认真练习健身房、保龄球馆、游泳池的对客服务礼仪。

分小组演练，可以是教师与学生间的角色扮演，也可以是学生相互间的角色扮演。

学生、教师共同交流康体休闲项目中的服务礼仪要求。

实操后参与任务评价，写成实训小结。

二、试题练习

1. 填空题

（1）为客人递送物品时应上半身稍向前倾 ________，眼睛看向 ________，面带微笑。

（2）引领客人时应行走在客人的 ________，手指朝向 ________，面带微笑，搭配相应礼貌用语“您好，这边请。”

2. 简答题

（1）健身房的服务员接待客人有哪些礼仪技巧？

（2）保龄球馆的服务员接待客人有哪些礼仪技巧？

（3）游泳池的服务员接待客人有哪些礼仪技巧？

3. 案例分析

9 月 23 日，一姓赵的先生打电话投诉。他几日前在该饭店的健身房内运动时将工作记录表遗忘在更衣室。事后，他打电话到健身房询问服务员是否捡到，当时服务员称工作记录表在前台，当赵先生前来领取时却说没有，后来客人再次打电话询问，此时前台说有。赵先生于是又派司机来取，却发现不是他的那本。赵先生觉得非常气愤，提出投诉。

思考：

应如何避免发生类似的投诉？

任务2　保健休闲项目服务礼仪

任务目标

- 能正确运用洗浴场所服务礼仪对客服务；
- 能正确运用按摩房服务礼仪对客服务；
- 能正确运用美容室服务礼仪对客服务。

任务安全与其他注意事项

- 身体状态良好，精神饱满；
- 着装整洁，符合行业要求；
- 面带微笑，礼貌用语规范。

任务导入

杭州一家饭店的康乐部设施设备先进，服务优良，吸引饭店内外不少客人慕名光顾，尤其以洗桑拿浴的客人为多。这天是安全巡视员小李当班。她一路观察未发现异常，接着来到女宾部三浴室。在桑拿浴室里，她意外发现一位女客脸色惨白，斜倚在板壁上，头耷拉在胸前，四肢不停地抽搐。经验丰富的小李一看就明白，客人出现的状况是由于桑拿浴室的高温缺氧所致，这是十分危险的，稍有拖延便会危及生命。

小李立即唤来服务员小王，两人将已昏迷不醒的客人抬出桑拿浴室，平放到四面通风的安全处。小李又让其他服务员与经理联系，报告情况，并请饭店医生迅速前来抢救。同时，与急救中心联系，请求派救护车送往医院。上述工作都是在短短几分钟内完成的。客人在饭店医务人员的及时抢救下，逐渐恢复了知觉，基本脱险。此时，饭店外响起急促的救护车警笛声，急救中心大夫及时赶到。经医院诊断，客人是因为桑拿浴室的高温环境致使心跳过速，引发了原有的心脏病。由于发现及时和有效抢救，客人才脱离了生命危险。

相关知识

保健休闲是指通过环境设施及服务人员提供的服务，使宾客达到放松身心、恢复体力、振作精神的活动项目。保健休闲大多是直接接触宾客的服务项目，卫生条件对宾客来说就显得格外重要。无论是客用的物品还是服务设施都应经过消毒，同时专业服务人员均应做好个人卫生。

一、洗浴场所服务礼仪

洗浴是人们在日常生活中的清洁活动。随着人们生活水平的提高，越来越多的人开始追求生活上的享受，各种豪华的洗浴方式就应运而生了。结合现代人追求身体健康的需要，饭店在洗浴的基础上加入了高科技手段，有益于人们的健康。洗浴已经超出原有清洁的本意，成为保健身体、享受情趣的一种休闲形式。

洗浴场所的服务程序与标准及礼仪要求如下。

（一）准备工作

（1）提前到岗，按照部门要求换好工装，佩戴胸卡，仪容仪表整洁、卫生、大方、得体，符合饭店行业的外在形象礼仪要求，不能佩戴过多首饰。

（2）做好清洁工作，保证桑拿浴房、淋浴室、休息室、更衣室等区域干净整洁卫生。保持场所、设施设备及用具清洁和美观。

（3）准备好易耗品，打开桑拿设备，调整好温度和沙漏控时器，准备好客人需要的矿泉水、纸杯、毛巾等物品。

（二）接待工作

（1）按照站姿礼仪要求迎接每位客人，采用曲臂式手势引领客人到相应区域。

曲臂式手势的动作要领：五指伸直并拢，从身体的侧前方，向上抬起，至上臂离开身体的高度，与身体正面呈45度，然后以肘关节为轴，手臂由体侧向体前摆动，在手与身体相距20厘米处停止，面向右侧，目视来宾。

（2）亲切主动地询问客人的要求，登记客人的姓名、房间号、洗浴时间和项目，并说明洗浴的收费标准。

（3）双手为客人递送毛巾及服务用品、钥匙，准确分配浴室。

（4）熟悉桑拿浴室内的各种设备设施并能熟练操作，调节好室温、蒸汽，为客人讲解设备的使用方法。

（5）客人在桑拿过程中，应随时注意观察，防止意外事故发生。随时根据客人的需求调节室内温度。

（三）结束工作

客人走出蒸房，应及时送上淋浴毛巾；待客人离开时，应及时向客人道别，同时伴随标准的鞠躬礼，搭配相应的礼貌用语“请慢走”“欢迎再次光临”；最后，做好环境卫生及用品清理工作。

二、按摩房服务礼仪

绝大多数康乐部门在保健休闲项目中，都配有按摩项目。按摩是指专业按摩人员通过特定的手法或特定器械设备，作用于人体表面的特定部位，调节肌体的生理状况，从而达到使客人消除疲劳、恢复体力、振奋精神效果的一种保健休闲项目。在现代康乐服务中，按摩越来越多地使用先进的高科技设备以达到更好的效果。因此，掌握一定的按摩房服务礼仪知识能更好地为客人提供服务。

（一）准备工作

按照部门要求提前到岗，换好工装，佩戴胸卡，仪容仪表整洁、卫生、大方、得体，符合饭店行业的外在形象礼仪要求，不佩戴首饰；做好清洁工作，保持按摩设施设备及用具的清洁和美观；备好客用的各种用品，精神饱满地准备迎接客人。

（二）接待工作

将客人引领到按摩室后，应主动向客人介绍按摩种类、特点、功效和收费标准；认真记录下客人的需求，并合理安排技师；为客人准备水果、饮料和小吃。

（三）结束工作

按摩完毕，及时向客人递上热毛巾；陪同客人结账，向客人致谢并欢迎客人再次光临；做好清洁整理工作，用品做到一客一用一消毒。

三、美容室服务礼仪

随着人们生活质量的提高，美容美发渐渐由人们的日常生活所需转变为一种享受性的休闲活动，成为人们在工作之余消除疲劳、享受情趣、娱悦身心的方式之一，成为饭店康乐部门不可缺少的配备项目。因此，星级饭店的康乐部一般都设有美容室。

美容室的服务礼仪要求如下。

（1）注意清洁卫生，客用毛巾和美容用具必须消毒。

（2）室内不能留有毛发和碎屑。

（3）不能有治疗行为，对皮肤有问题的客人，建议到医院就诊。

延伸阅读

康乐服务用语（英汉对照）

（1）Can I use my room card？（可以使用我的房卡吗？）

（2）Where is the bowling alley / swimming pool / poolroom？（保龄球馆 / 游泳池 / 台球厅在哪里？）

（3）Please write down your room number or pay 200 RMB as the deposit.（请登记房间号或支付 200 元人民币作押金。）

（4）This is the first time I have been here. Would you please introduce it to me？（这是我第一次来这里，你能给我介绍一下吗？）

（5）This is your locker key，the number is 258. Please keep it. Follow me.（这是您的更衣柜钥匙，号码是 258 号，请拿好，这边请）。

任务评价

序号	评价项目	评价标准	评价结果			
			优	良	合格	不合格
1	迎宾	积极主动，热情礼貌，面带微笑，使用敬语				
2	接物	双手递送，妥善放置，态度真诚				
3	引领	手势动作规范，搭配恰当礼貌用语				
4	服务环节	周到、细致、热情、主动				
5	道别	能用礼仪规范及标准道别				

任务练习

一、实操练习

按照保健休闲项目的不同，认真温习洗浴场所、按摩房、美容室的对客服务礼仪。

分小组演练，可以是教师与学生间的角色扮演，也可以是学生间的角色扮演。

学生、教师共同交流保健休闲项目中的服务礼仪要求。

实操后参与任务评价，写成实训小结。

二、试题练习

1. 填空题

（1）保健休闲项目服务应按照站姿礼仪要求迎接每位客人，采用________手势引领客人到相应区域。

（2）清洁整理客用物品时做到一________一________一________。

2. 简答题

（1）洗浴场所的服务员接待客人有哪些服务礼仪？

（2）按摩房的服务员接待客人有哪些服务礼仪？

任务3　娱乐休闲项目服务礼仪

任务目标

- 能正确运用棋牌室服务礼仪对客服务；
- 能正确运用酒吧服务礼仪对客服务；
- 能准确运用康乐服务用语对客服务。

任务安全与其他注意事项

- 身体状态良好，精神饱满；
- 着装整洁，符合行业要求；
- 面带微笑，礼貌用语规范。

任务导入

某饭店棋牌室里，一位客人怒气冲冲地大声对服务员说："叫你们经理来，我们在这里消费了几十次，光场租费就足够买十几块地毯了。打通宵牌，能不抽烟吗？"客人这样的吼叫声服务员经常听到。

值班经理处理客人烧伤地毯、在地毯上吐秽物的事例不知多少次了，如果坚持原则往往会得罪客人；如果一味妥协，光棋牌室的地毯，一年之中不知要更新多少次！

棋牌消费，的确有别于其他场所消费。在一个相对隐蔽的狭小空间（客人不希望服务员提供过多的现场服务），客人的情绪较为复杂（有输有赢），饮料、香烟的消耗量极大，因此产生的垃圾较多。在与客人的纠纷中，关于地毯的纠纷约占60%。

相关知识

娱乐休闲项目是指通过观看、参与文娱活动，达到调节身心、丰富生活、社会交往等目的的休闲消遣性活动。人们通过这些活动尽情地表达自己的喜怒哀乐，缓解平时工作、生活中的压抑和烦恼，享受心灵放松的欢愉。

娱乐休闲是一种大众化的休闲方式，是康乐部的重要经营项目。作为娱乐休闲服务部门的员工，要熟悉娱乐设施设备的基本情况和活动要求，掌握服务礼仪技巧。

一、棋牌室服务礼仪

棋牌是中国人很喜爱的娱乐项目，多数饭店康乐部都设有这个项目。棋牌室设备简单，投资不大，主要是为客人提供专用的桌椅和质地优良的棋牌用具。近年来，随着科学技术被运用到娱乐领域，棋牌室也一改以前的纯手工操作，出现了一些电子棋牌设备。

棋牌室服务程序与标准及礼仪要求如下。

（一）预订工作

按照电话语言礼仪，主动、热情地接受客人电话预约，细致询问客人需求，并准确记录下客人的姓名、房号、电话号码、使用时间等信息，最后复述一遍，以便确认。

（二）准备工作

按照部门要求换好工服，佩戴好胸卡，仪表仪容要整洁、大方、得体。提前到岗，做好清洁工作，整理好棋牌室及公共区域卫生工作。认真细致检查棋牌室的设备、用品和娱具，保证各种设备完好。

（三）接待工作

主动向客人问好，收取押金，计时开单。为客人打开房间，巡视并准备好游戏用具，为客人提供酒水饮料，并定时清理房间、更换烟灰缸、续水。每 10 分钟巡查一次房间，询问客人是否需要其他服务。

（四）结束工作

准确开具账单，账款当面结清。对客人表示感谢，并欢迎其再次光临。客人离开后及时清理房间，准备下次使用。

二、酒吧服务礼仪

（一）准备工作

按照部门要求换好工服，佩戴好胸卡，仪表仪容要整洁、大方、得体。提前到岗，做好清洁工作，包括吧台、设备、用具、大厅地面等。清点酒水饮料，及时补充。

（二）接待工作

1. 微笑迎宾

按照微笑礼仪的规范要求，主动热情问候，表示欢迎。配合曲臂式手势动作，伴随相应的礼貌用语“您好，欢迎光临。”

2. 引领到位

引领客人到相应区域，主动拉椅请客人入座。

3. 接受客人的点单

当客人点酒超过其支付能力或酒精承受力时，酒吧服务员应当予以注意。员工自己不能在工作时间饮酒或饮用饮料。

（三）结束工作

客人消费结束，服务员应准确开具账单。客人离开时，要以礼貌和微笑送别客人，并欢迎客人再次光临。

营业结束后，统计售出的材料总量，清点收入的钱款，清点存货，清洗酒吧设备、用具和酒杯。关闭门窗和电源。

三、康乐服务用语

语言是人们交往沟通的工具，是人们传递思想感情的桥梁。饭店接待与服务工作需要和形形色色的人打交道，提供的服务客人满意与否，服务人员的语言水平是重要的因素之一。康乐服务人员的服务语言有一定的规范。

（一）体现"以客人为中心"的原则

饭店服务工作以满足客人的需要为宗旨。在客人的各种需求中，尊重的需求是第一位的。因此，康乐服务人员的语言规范之一，就是语言表达力求体现"以客人为中心"的原则。讲究措辞，主要表现在敬语的使用，包括尊敬语、谦让语、郑重语等。

（二）赞誉的准则

每个人都期望被钦佩、赞美、尊重，赞美是满足人们尊重需求的一个重要方面。通过赞美真正打动对方，从而缩短彼此之间的心理距离。赞誉需遵循以下规则：①赞美要出于真诚；②赞美应明确具体；③赞美应因人而异，突出个性。

（三）得体、谦逊

对客交流时，要充分运用语言、语气、语调的变化，使服务用语充分体现出文明、亲切、细致、周到的职业特点。冷静对待客人的夸奖，不沾沾自喜。

（四）征询、委婉

在与客人交流时语气要温和，多采用商量式、询问式、建议式、选择式的方法来表达，避免传达式、通知式、命令式、指责式的表达方式。

委婉是指讲话时出于对客人尊重的考虑，不直接说明本意，而是用委婉的词语加以暗示，既能使双方意会，又不至于让对方尴尬，甚至伤害对方的感情。

延伸阅读

康乐服务用语中的"五声"

（1）客人来时有迎客声；

（2）遇到客人有称呼声；

（3）受人帮助有致谢声；

（4）麻烦客人有道歉声；

（5）客人离去有送客声。

任务评价

序号	评价项目	评价标准	评价结果			
			优	良	合格	不合格
1	迎宾	积极主动，热情礼貌，面带微笑，使用敬语				
2	接物	双手递送，妥善放置，态度真诚				
3	引领	手势动作规范，搭配恰当礼貌用语				
4	服务环节	周到、细致、热情、主动				
5	道别	能用礼仪规范及标准道别				

任务练习

一、实操练习

按照娱乐休闲项目的不同，认真温习棋牌室、酒吧的对客服务礼仪。

分小组演练，可以是教师与学生间的角色扮演，也可以是学生间的角色扮演。

学生、教师共同交流娱乐休闲项目中的服务礼仪要求。

实操后参与任务评价，写成实训小结。

二、试题练习

1. 填空题

（1）娱乐休闲项目服务应引领客人到相应区域，主动 ________ 入座。

（2）娱乐休闲项目服务应按照部门要求换好 ________，佩戴好 ________，仪表仪容要 ________、大方、得体。提前到岗，做好清洁工作。

2. 简答题

（1）棋牌室的服务员接待客人有哪些服务礼仪？

（2）饭店酒吧的服务员接待客人有哪些服务礼仪？

3. 案例分析

家一样的感觉

七月，在炎热的重庆，黄先生邀请一群朋友到某饭店新开张的酒吧去玩。“黄总，晚上好，欢迎光临焰吧。”迎宾小姐热情地走上前迎宾，黄先生笑容满面地点了点头，招呼着他的一群朋友进了饭店酒吧。

当所有人入座后，服务员递上了一杯杯加冰的柠檬水，唯独给黄先生送上了一杯温开水。当见到有人诧异时，服务员解释说："黄先生是我们饭店的老客户了，我们大家都知道黄先生肠胃不好，不能喝冷饮。"听到这话，黄先生感到心里暖暖的。

临近结束时，另一位服务员为黄先生端上了一杯胡萝卜汁，黄先生说："咦，我好像点的是一杯橙汁呀，怎么，小兄弟，最近失恋啦，这么失魂落魄的。没关系，不用换，也该喝喝胡萝卜汁换换口味啦。"

思考：

（1）为什么看似普通的服务能让客人感到满意、温暖？

（2）为什么当服务员出现了失误时，客人并没有怪罪？

项目五

饭店会议、会谈服务礼仪

项目描述

随着社会经济的快速发展，会见、会谈等国际交往活动日益增多，礼仪服务对此类活动的成功举办发挥着重要作用。

本项目由会见前准备、会见服务礼仪、会谈厅室布置、会谈服务礼仪四个任务构成。每个任务包括任务的具体内容、操作程序与标准及礼仪要求、任务实训演练和对学生学习效果的评价。通过本项目学习，能培养和提升学习者会议服务的礼仪意识和素养。

学习目标

1. 能按照会见仪式的要求布置好场景及座次；
2. 能按照会谈仪式的要求布置好场景及座次；
3. 能按照会见、会谈仪式程序，做好会前服务；
4. 能按照会见、会谈仪式程序，做好会中和会后服务；
5. 能按照服务礼仪规范，做好贵宾室的接待服务。

任务1　会见前准备

任务目标

- 能按会见仪式要求模拟布置场景及座次安排；
- 能按礼仪标准摆好台面。

任务安全与其他注意事项

- 仪式开始之前仪式所需用物品要严格消毒、达到卫生标准并由专人封存保管；
- 摆台要在会见前一小时完成，摆完台后要认真检查一遍，防止遗漏、出错。

任务导入

金秋十月，某市一家五星级酒店将隆重举行所在省与韩国经济贸易合作洽谈会，本届洽谈会由省商务厅主办，韩国贸易协会驻本省代表处、世界韩人贸易协会驻某省支会与该酒店承办。中方人员有省属各类大型企业的主要负责人、政府级官员，韩方人员有韩国驻华贸促会会长及重点企业的社长。届时，该省政府主要负责人将先行会见参加洽谈会的韩方官员和到会企业家。该会议参会人员的层次高、影响大，对服务礼仪的要求很严格。

相关知识

面对如此高规格的外事会晤，承办方将精心设计会务接待方案，而会前的准备工作将是整个接待方案的开端。那么，如何从礼仪角度做好会前的准备工作？我们一同来学习。

一、会见前的准备工作

会见前准备工作程序与标准及礼仪要求如下。

（一）知情

（1）知晓宾主国籍、主要宾主身份及文化习俗。

（2）明确会见时间、会见地点、参加会见的人员。

（3）确定首长和外宾行走的不同路线。

（二）布置会见厅

（1）会见厅的布置，应根据参加会见人数的多少、规格的高低、厅室的形状和面积的大小来确定。

（2）会见厅的光线和温度，应根据实际情况和主要宾客的要求而定。一般以夏季24℃ ~25℃、冬季 20℃ ~22℃为宜。

（三）备足物品

1. 招待用品

茶叶。根据主办单位的要求，有时也准备冷饮、牛奶、咖啡、干果、点心、水果等供招待之用。

2. 摆台用品

（1）茶具：茶杯、垫盘、茶壶、茶叶漏、暖水瓶、凉水具等。

（2）文具：便笺、铅笔。

3. 服务用具

小方巾、托盘、口布、毛巾、消毒液、洗手液、体温测试仪。

4. 用具应配套

如有冷饮，要准备水杯、瓶起子；如有牛奶、咖啡，要准备咖啡杯、咖啡杯垫、咖啡壶、奶罐、糖缸、咖啡勺；如有干果点心，要准备小碟、五寸盘、水果盘、点心叉、水果刀、水果叉、牙签筒等。

5. 数量应有富余

在准备以上物品时，数量要有一定的富余，做到有备无患。会见用的毛巾，洗净后要放在蒸箱内高温消毒。各种茶具、冷饮具、牛奶咖啡具、餐具要严格进行消毒、烫洗，达到卫生安全标准，然后封存起来，由专人负责保管。以上物品的准备工作要在会见前一小时完成。

（四）搞好清洁卫生

以上工作完成之后（或同时进行），要对会见所使用的场地，进行严格消毒、全面彻底的卫生清洁和安全检查，以达到卫生要求的标准。

（五）做好摆台

二、布置会见厅

（一）台型布置

（1）人数多、会见厅面积大时可布置成教室形会见场地，如图 3–24。

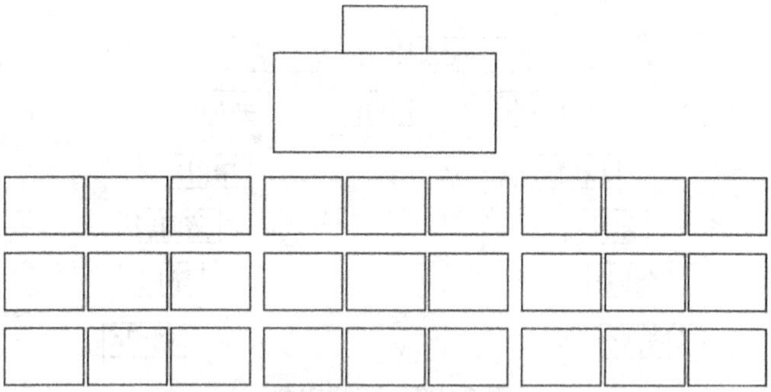

图 3–24 教室形会见场地

（2）人数少时可布置成马蹄形会见场地（如图 3–25），正座用沙发，沙发后摆扶手椅供译员或记录员就座。

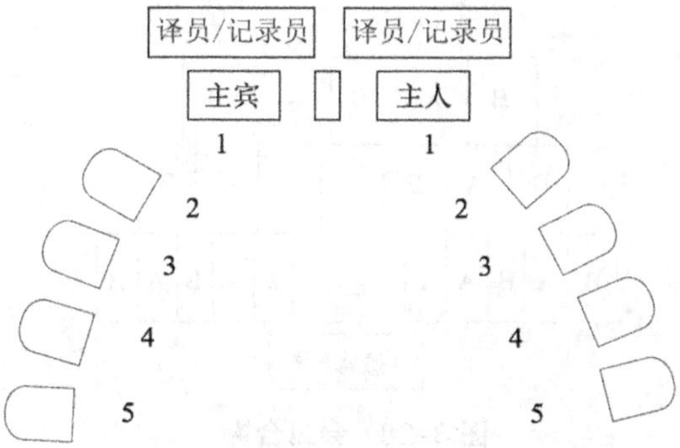

图 3–25 马蹄形会见场地

（3）人数少时也可以布置成U字形会见场地（如图3-26），正座用沙发，沙发后摆会议椅供译员或记录员就座。

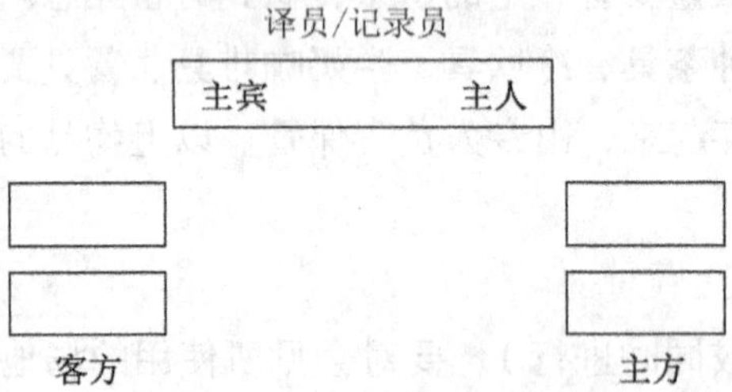

图3-26　U字形会见场地

（二）环境布置（图3-27）

（1）宽敞明亮，座位对称分布。

（2）整洁干净，安静隔音，光线柔和，照明适宜，空气新鲜，温度适宜。

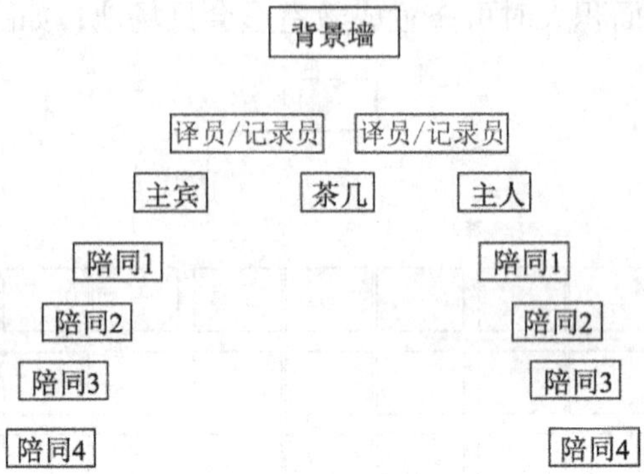

图3-27　环境布置

（3）合理安排好合影位。厅室正面挂屏风式挂画，作为会见合影的背景。合影位的安排彰显礼仪要素，具体操作标准如下。

①说明：图3-28会见合影中，1为第一主宾，2为第二主宾或第一主宾夫人，A为客方陪同，B为主方陪同。

图3-28　会见合影

②礼仪标准：重要人士站第一排，主人居中，按礼宾次序，以主人右手为上，主客双方间隔排列，第一排人员既要考虑人员身份，也要考虑场地大小，即能否都摄入镜头。一般来说，两端均由主方人员站边位。

（三）座次安排（图 3–29）

（1）礼宾排列次序主要依据身份与职务的高低而定。

（2）根据实际情况，有时宾主各坐一边，有时也可以穿插坐在一起。根据我国的礼仪习惯，主人主宾席位面向正门而设，主宾座位一般设在主人的右侧，译员或记录员坐在主人和主宾的后面，主方陪见人员在主人一侧就座，客方陪见人员在主宾一侧就座，座位不够时可在后排加座。

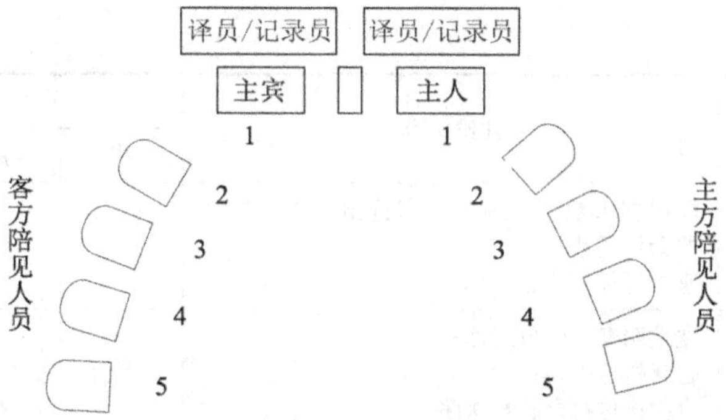

图 3–29　座次安排

三、会前摆台礼仪

（1）检查。如发现有缺口、裂缝的会议摆台用品应及时调换。

（2）摆台。这里以主位摆台为样例，其他客位类推。鲜花摆于茶几面后部的正中方位，鲜花应无枯枝败叶；席位卡放茶几台前部（一边一个），座位名卡的两个看面均应写上客人姓名，如果是涉外会议，还需用中英文双语设计名签，名签制作应字迹清晰、书写规范，姓名拼读应准确无误；茶杯含杯托放于茶几两侧席位卡旁边，杯耳朝客人；如需摆放麦克风，则将麦克风放于茶杯后面（一边一个），应确保音色效果纯正。摆台完毕要认真检查一遍，防止遗漏和出错。

延伸阅读

了解会见

会见，是国际交往中常采用的礼宾活动形式，一般也称接见或拜会。凡身份高的会见身份低的，或主人会见客人，一般称为接见；凡身份低的会见身份高的，或客人会见主人，一般称为拜会或拜见。我国一般统称为会见。接见和拜会后的回访，称为回拜。

会见就其内容来说，有礼节性的、政治性的、事务性的，或兼而有之。如外国代表团来我国访问，在欢迎仪式之后，或代表团参加宴会、文艺晚会等活动之前，我国领导人在休息厅的会见，称为礼节性的会见。礼节性的会见，时间短，话题相对比较广泛。政治性会见一般涉及双边关系、国际局势等重大问题，保密性强。事务性会见则指一般外交事务交涉、业务商谈等。会见形式，可以分为个别约见和大型接见。个别约见是指我国党和国家领导人或某部门负责人，就某一方面的外交事务或业务问题，与个别人士或使馆人员进行会面商谈的一种礼宾活动。它的特点是会见的范围小、保密性强。大型接见是指我国党和国家领导人会见一国或几国群众团体，或国际会议代表的礼宾活动。

任务评价

序号	评价项目	评价标准	评价结果			
			优	良	合格	不合格
1	台型布置	能根据人数和场地形状布置出不少于 3 种的会见场地； 座位对称、分布匀称				
2	环境布置	宽敞明亮，座位对称； 合影排位得体； 座次排位符合礼宾次序				
3	会前摆台	检查物品要求准备齐全、无缺损，合乎礼宾接待规范				

任务练习

一、实操练习

组织学生扮演会见厅服务员和会见主办方工作人员，重现任务导入中的案例情境。要求学生明确如何根据到会人数的规模安排不同形式的会见场景及座次，使其掌握会见前场地和座次布置的礼仪标准。

教师将会见场地布置的不同类型做成抽签形式。学生抽签决定会场及座次安排的实训内容。

场地及道具准备：120 平方米的教室一个，带扶手的沙发椅 12 套、会议椅 2 把、茶几 9 个、中韩两国国旗各一面（带旗架）、摆台道具若干（包括鲜花一盆、麦克风 2 只、打印好客人姓名的席位卡 2 只、茶杯含杯垫或杯托 14 套）。

学生 7~8 人一组，分别扮演分工不同的会议服务员，在 120 平方米的教室内按抽签内容进行训练。由实训指导教师对实训过程是否规范标准进行把关。

每组演练后参与任务评价，每人写出实训小结。

二、试题练习

1. 填空题

（1）会见外国客人时，按国际惯例，主宾应坐在主人的 ________。

（2）会见仪式摆放茶杯，应注意将 ________ 朝向客人。

2. 单项选择题

（1）会见仪式的座位安排，客方应安排在主方的（　　）侧。

A. 左　　B. 右　　C. 前　　D. 后

（2）会见前如需合影，则事先应安排好合影位，第一排两边应由（　　）人员站于边位。

A. 主方　　B. 客方

（3）会见仪式座次安排的礼宾排列次序主要依据（　　）而定。

A. 客人姓名的组合字母顺序　　B. 客人到达时间的先后

C. 身份与职务高低　　D. 酒店行业接待标准

3. 简答题

（1）会见仪式的座次安排有何具体礼仪要求？

（2）如何安排合影位才合乎礼仪标准？

任务 2　会见服务礼仪

任务目标

- 能模拟会见仪式服务规程需用的礼仪；
- 能运用贵宾室的接待礼仪服务好贵宾。

任务安全与其他注意事项

- 会见仪式开始前，保证宾主双方不见面；
- 会见过程中员工站位合适，保持待命状态；
- 会见后关照主要客人退场，并及时检查现场。

任务导入

十月的一天，在本市某国际酒店迎来了中方与韩方参加会见仪式的人员。会见前 15 分钟，出席会见仪式的主人及主办单位联系人提前抵达活动现场，服务人员小张将其直接带至会见厅室，并用大茶杯为其上茶，只见她姿态挺拔，立于茶几前斟水，动作干净利落，始终面带微笑，客人却面露惊异之色……

客人为何面露惊异之色？只因服务员小张未遵循该仪式相关环节的礼仪服务要领。那么，究竟如何操作才合乎礼仪规范？我们将从以下的内容中进一步学习。

相关知识

会见仪式程序与标准及礼仪要求如下。

一、迎宾

（1）门外迎客表敬意。迎宾位置的远近表敬客程度。一般来说，贵宾车一到，门童、礼仪人员、承办单位工作人员等就应到车门位置迎客；对尊贵的宾客主办方应派车迎接，并在店外派专人迎候。

（2）开门礼让。贵宾下车后，门童应保证大门始终处于开启状态。疫情期间，邀请贵宾按流程扫码测温。

（3）引领客人走不同的路线。因会见正式开始前，宾主双方不宜见面，故必须按规定的行走路线分别引领贵宾。

（4）引领客人至两个不同的贵宾室。此时，务必保证宾主双方不见面。

二、贵宾室服务

参加会见的主人和主办单位联系人，一般会提前抵达活动现场。会见之前，从礼仪角度讲，宾主双方不宜见面，所以，服务人员只能将其迎入各自指定的贵宾室。照顾好休息室的贵宾，是为会见做好基础工作，也是顺利进行会见的保证。因此，贵宾室接待的各个环节均要精心安排，以确保万无一失。

1. 敬茶服务

（1）服务应面对客人，入场前一小时，蒸热毛巾，备足开水；入场前半小时，备好茶壶、茶杯、茶叶；入场前 10 分钟，茶杯、茶壶点水，摆好茶杯，做到“人到茶到”，凉热适宜；如果是前茶几，员工宜用茶盘并采用蹲姿服务，以确保头位不高于宾客。

（2）用小茶杯为提前抵达的客人上茶，茶水应事先过滤好茶汤。

（3）宾主同在时，优先给客人上茶，宾客人数较多时，优先为主宾上茶。

（4）当来宾到达时，主人到门口迎接，员工要迅速将厅室内用过的茶杯。

2. 香巾服务

（1）用毛巾夹递香巾，以确保卫生。

（2）温度适宜，以防烫伤客人。

3. 适时提醒

会见规定时间前几分钟，应配合工作人员礼貌提醒贵宾做好准备。

4. 控制好节奏

在规定的时间，听从工作人员指挥，同时将中方、外方两个贵宾室的大门打开，双方进入会见大厅。

三、会中服务礼仪

1. 站位合适

（1）待双方首位领导看到对方后，引领或示意贵宾到达会见厅中心的会见位置。

（2）服务人员迅速撤到会场的外围，礼貌地保持待命距离，以免影响新闻媒体拍摄。

（3）会见中，留一名服务人员在适当位置观察厅内的情况，随时为客人服务或应对方要求回避，切勿随意进出。

2. 茶水服务

（1）宾主入座后，用茶杯上茶，杯把一律朝客人右手一侧。

（2）从主要的外宾和主人处开始递毛巾，递给外宾的服务人员动作要先于另一名服务人员，如果是一名服务人员递毛巾，要先从外宾处开始，然后再递给主人。

（3）每隔 15~20 分钟续水一次。

（4）用小暖水瓶配小毛巾擦拭水滴。

（5）一名员工负责一个区域，避免反复穿梭。

四、会见结束

1. 照顾主要客人退场

（1）关照主要客人或年长及行动不便又无专人照顾的客人上车。

（2）主要行走路线有专人指路或照顾。

2. 检查活动现场

（1）及时熄灭未熄灭的烟头。

（2）及时归还宾客遗留物品，如果宾客已离开，可交主办单位工作人员代为转交。

延伸阅读

会见工作的后台服务内容

（1）会见厅大门口和主要首长行走路线要有专人指路或照顾。冬季要为宾客料理衣帽，下雨天要为参加会见的人员撑伞遮雨。

（2）会见前消毒好毛巾。外宾到达前 15 分钟，往茶杯中放入茶叶并点上一点开水润茶，5 分钟后开始沏茶，以 7 分满为宜。当前台服务人员上茶时，应将毛巾取出，放于托盘内，如果毛巾太热，可抖一下散热，毛巾用完后，应及时晾干。会见后，要将所有物品收好，茶具烫洗干净，分类存放，并打扫干净会场，仔细检查后，方可离开工作现场。

任务评价

序号	评价项目	评价标准	评价结果			
			优	良	合格	不合格
1	迎宾	门外迎客表敬意； 开门礼让； 引领宾主走不同行进路线； 引领宾主至两个不同的贵宾室				
2	贵宾室服务	使用小茶杯并采用蹲姿服务； 适时提醒； 控制好节奏				
3	会中服务	站位合适； 保持待命或应对方要求回避； 茶水服务合乎礼仪规范				
4	会见结束	照顾主要客人退场合乎礼仪规范； 检查活动现场合乎礼仪规范				

任务练习

一、实操练习

练习茶水服务礼仪。

组织学生扮演会议服务员和客人，重现任务导入中的案例情境。加深学生对茶水服务礼仪的印象，使其掌握不同情形下茶水服务的要领。

教师将会见中可能用到的茶水服务方式做成抽签形式。学生抽签决定茶水服务的实训内容。学生 6 人一组，分别扮演会议服务员和客人的角色，在学校模拟贵宾室或模拟会见室按抽签内容进行训练。由实训指导教师对实训过程是否规范标准把关。

每组演练后参与任务评价，每人写出实训小结。

二、试题练习

1. 填空题

（1）茶水服务中，茶杯杯把要朝向宾客的 ________ 手一侧。

（2）会见中，留一名服务人员 ________，________ 或 ________，切勿随意进出。

2. 单项选择题

（1）会见正式开始之前应将提前抵店的宾主双方带入（　　）。

A. 会见室　　B. 贵宾室　　C. 大堂

（2）会见中，每隔（　　）分钟为客人续水一次为宜。

A. 15~20　　B. 20~30　　C. 30~40　　D.40~50

（3）贵宾室敬茶服务中，一般用（　　）即可，但需事先过滤茶汤。

A. 大茶杯　　B. 小茶杯　　C. 功夫茶杯　　D. 高档次茶杯

3. 简答题

（1）迎宾服务中如何体现礼仪？

（2）简述会见服务常见的几种茶水服务方式。

任务 3　会谈厅室布置

任务目标

- 能模拟会谈厅的座次安排；
- 能模拟会谈服务用品的配备和摆放。

任务安全与其他注意事项

- 仪式之前所需用的物品要严格消毒、达到卫生标准并由专人封存保管；
- 以门为准，遵循礼宾次序礼仪，把握好主方和客方的方位及各主要成员的座次安排，会谈用品配备齐全、整齐划一。

任务导入

某酒店三号会议室将举办一次中韩两国的经济合作会，会谈双方将就各自经贸领域的相关合作事宜进行具体深入的磋商。接受会场布置任务的王丽，想借此机会提升自己的会议接待能力。而如何布置会谈厅室是小王面临的第一个考验。

会谈厅室布置环节重点在于会谈桌型的布置、座位的安排，要求做到既注重布置庄重美观又合乎礼仪规范。至于具体如何操作，我们一同来学习。

相关知识

一、会谈厅室布置

会谈仪式场合气氛较庄重，台型布局应规范整齐，双边会谈厅室一般布置长条桌和扶手椅，宾主相对而坐。根据厅室形状、面积大小和参会人数的多少可将桌子呈横一字形或竖一字形摆放；多边会谈厅室常采用圆桌或方桌。

会谈厅室布置程序与标准及礼仪要求如下。

（一）会谈厅室布置礼仪

（1）桌子的中线应与正门中轴线对齐。

（2）桌子两侧的扶手椅应对称摆放，间距一致，分布均匀。

（3）主人和主宾座位要居中相对摆放，座位两侧的空间应比其他座位略宽一些，以示礼遇，疫情时期，应适度增大座位间距，并备足量的口罩及消毒用品。

（4）一般宜选择深绿色台呢，以示庄重，台呢四角直线下垂，下垂部分勿接触地面，铺好的台呢平整、无褶皱、无破洞。

（二）横桌式双边会谈座次安排（图 3-30）

（1）定主、客方人员方位：以进门时的方向为准，主方人员背门而坐，客方人员面门而坐。

（2）定主谈者位：双方主谈者居中就座。

（3）定双方其他人员位：依其具体身份的高低，各自按先右后左、自高而低的顺序在本方一侧就座。

（4）定译员位：定于主持会谈的主宾或主人的右侧，在国内谈判中可坐副手，而在涉外谈判中则应由译员就座。

（5）定记录员位：人数多时，记录员一般在会谈桌的后侧另行布置桌椅就座，人数少时也可安排在会谈桌前就座。

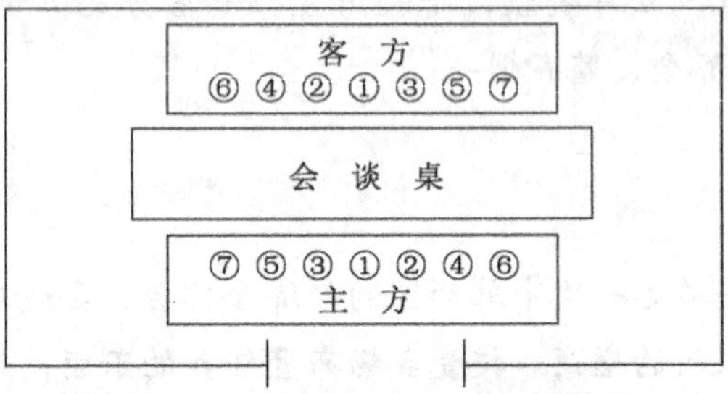

图 3-30　横桌式双边会谈座次安排

（三）竖桌式双边会谈座次安排（图 3-31）

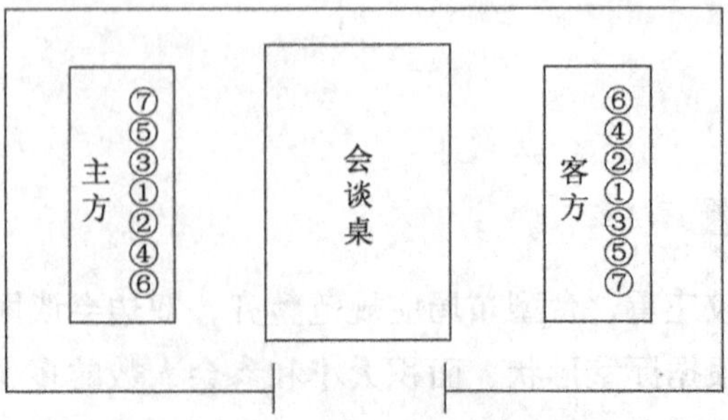

图 3-31　竖桌式双边会谈座次安排

（1）定主、客方人员方位：以进门时的方向为准，客方人士居右，主方人士居左。

（2）定主谈者位：双方主谈者居中坐。

（3）定双方其他人员位：各方的其他人员则依其具体身份的高低，各自按先右后左、自高而低的顺序分别在本方一侧就座。译员位安排在主持会谈的主宾或主人的右侧，记录员位安排在会谈桌的后侧，另行布置桌椅就座，但人数少时也可安排在会谈桌前就座。

（四）多边会谈座次安排（图 3–32）

（1）东道主面门居中就座，客人可采用按字母顺序或笔画顺序在东道主的左右两侧就座。

（2）假如不排座次，则由宾主自由择座或相互穿插就座。

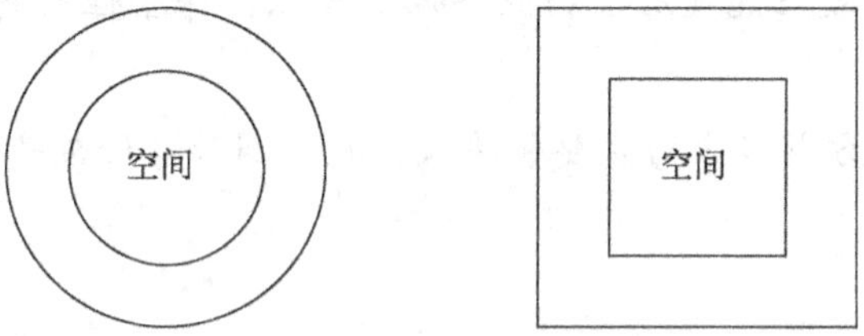

图 3–32　多边会谈座次安排

二、会谈用品的配备和摆放

（1）摆便笺、文具（铅笔或签字笔）、饮料杯及杯垫、小毛巾、座位名卡，做到物品齐备、无缺损，摆放整齐划一，间隔均匀。将便笺摆在每位客人桌面的正中位置，便笺底部距离桌面边沿约 5 厘米，便笺上若有标识，应将文字的最佳看面朝向客人，便笺中心线的纵向与椅子中心线对齐；将文具摆放在便笺右侧 1 厘米处，笔尖朝上，笔的商标朝向客人；便笺右上角摆放饮品垫盘，为了减少对会议的干扰，可在垫盘内放置一小杯垫，杯垫上的标识朝上，图案摆正；将杯子摆放在杯垫中心部位，杯把向右，与桌沿呈一定角度，以方便客人取用，杯子的图案朝向客人；将小毛巾摆放在客人面前适当的位置，叠放整齐；座位名卡摆放在便笺中心的正上方，名卡的两个看面均正确书写客人的姓名，如遇涉外会议，应用中英文双语设计名签。

（2）摆花瓶或花盘：花枝高度以不挡双方的视线为宜，花材无枯枝败叶，无不良气味，花饰摆放于桌面的中轴线上。

（3）摆国旗（仅限于国事会谈）：以进门方向为准，横桌式应将主方国旗背门悬挂，客方国旗面门悬挂；竖桌式应将主方国旗置于会谈桌的左侧，客方国旗置于会谈桌的右侧。

延伸阅读

了解会谈

1. 会谈

是指在正式访问或专业性访问中，双方或多方就某些重大的政治、经济、文化和军事等共同关心的问题交换意见，或就具体业务进行谈判的活动。会谈也可以指洽谈公务、业务或商务谈判。会谈内容与形式一般较为正式，政治性或专业性较强。在涉外活动中如涉及专业性问题，则需要进行相应的正式会谈。

2. 会谈活动的主要特征

（1）会谈的内容一般来说政治性和业务性都较强，保密性较高；高级别的国事会谈，会场要悬挂双方国旗。

（2）参加会谈的双方或多方的主要领导人，其级别和身份应是对等的，谈判的事务也是对口的。

任务评价

序号	评价项目	评价标准	评价结果			
			优	良	合格	不合格
1	会谈厅室布置	台型布局合乎礼仪规范， 座次安排合乎礼仪规范				
2	会谈用品的配备和摆放	插花摆于桌子的中轴线上，不挡视线； 国旗摆位正确； 其他摆台道具整齐划一，间隔均匀				

任务练习

一、实操练习

会谈厅室安排。

组织学生扮演会议服务员，重现任务导入中的案例情境。要求学生明确如何布置不同风格的会见厅室，安排会谈座次，使其掌握会谈厅室的布置礼仪标准。

教师将会谈场地布置的不同类型做成抽签形式，学生抽签决定安排会谈座次的实训内容。场地及道具准备：60 平方米的教室一个，带扶手的沙发椅 10 套、中韩两国国旗各一面（带旗架）、摆台道具若干、鲜花一盆。学生 6 人一组，1 人扮演会议服务员，轮流操作摆位，其余做观众，在 60 平方米的教室内按抽签内容进行训练。由实训指导教师对实训过程是否规范标准把关。

每组演练后参与任务评价，每人的操作成绩将组员的评价计入在内。

二、试题练习

1. 填空题

（1）如采用横桌式布置会谈仪式会场，主方座位应 ________ 而设，客方座位应 ________ 而设。

（2）采用竖桌式布置会谈仪式会场，以进门方向为准，主方应坐在进门方向的 ________、客方应坐在进门方向的 ________。

2. 单项选择题

（1）会谈桌中心摆放的插花高度以（　　）为宜。

A. 20 厘米　　B. 10 厘米

C. 不挡双方客人视线　　D. 50 厘米

（2）国事会谈，如采用横桌式布置方式，则客方国旗应（　　）。

A. 背门悬挂　　B. 居进门方向的右侧

C. 居进门方向的左侧　　D. 面门悬挂

（3）双边会谈台型布置常用的道具有（　　）和扶手椅。

A. 圆桌　　B. 方桌　　C. 长条桌　　D. 以上答案都对

3. 简答题

（1）如何布置会谈厅室？

（2）如何安排会谈仪式座次才合乎礼仪标准？

任务 4　会谈服务礼仪

任务目标

- 能掌握会谈仪式服务礼仪；
- 能体现会议服务员的礼仪规范及标准。

任务安全与其他注意事项

- 会谈期间，保持正确站位；
- 会谈中领导人之间的会谈，除主要陪见和译员、记录员外，其他人员尽量减少进出；

● 会谈结束后关照主要客人退场，注意消防和财物安全。

任务导入

某酒店三号会议室内正举行省商务厅与韩国贸易协会的经济贸易合作洽谈会。因会谈桌呈横一字形摆放，故员工王丽只能立于客人右侧位续水。此时，被服务的客人想起身下座，小王手中正续着的热水不听话地洒向客人的肩膀和手臂，客人情不自禁绷紧了面孔……又过了40分钟，按照主管的要求给双方宾客续水。小王开始忙于给宾客续水。进出厅室多次，终于，王丽忙完了，规范地站立于指定位置。没想到的事情发生了，一位客人起身向王丽走来，对其耳语了几句，王丽便红着脸离开了厅室。

该服务员为何被会议客人请出了会谈现场？会谈期间应如何服务？下面我们一起来感受和了解会谈服务礼仪的规范。

相关知识

一、会谈开始服务礼仪

（1）协助入席：主动为主要宾客拉椅让座。

（2）茶水服务：宾客入座前需沏好茶水，保证茶水不烫口。

二、会谈中服务礼仪

一般而言，会谈内容的政治性和业务性较强，保密性较高，因此会中服务环节体现了高水准的礼仪要素，具体体现在如下方面。

（1）热情迎宾：员工在客人到来之前，以饱满的精神状态站在厅室门口，笑迎客人，并主动提供拉椅服务。

（2）保持待命距离：站在适当位置待命（3米远），随时听候招呼，提供服务或适时回避，随时观察，尽量减少进出厅室的次数。

（3）续水服务：第一次续水在会议开始后30分钟左右进行，以后每隔40分钟左右为客人续一次茶水，先为主宾、主人斟倒茶水，后为其他人员服务，杯中无水是十分不礼貌的。礼仪服务标准及操作方法：先以右手对被服务宾客示意"请"姿，旨在礼遇宾客并同时给宾客以续水的信号，后用左手持暖水壶，以右手小手指和无名指夹起杯盖，以右手中指顶住杯耳底部，食指拴住杯耳，大拇指按住杯耳上端，立于客人右后侧，身姿略远离宾客，斟倒7分满即可。

（4）桌面小整理：会谈活动一般时间较长，如遇会谈中间休息，服务人员应及时对会谈桌做小整理或添补更换桌面用品，整理时切不可弄乱和翻阅桌上的文件。

三、会谈结束服务礼仪

（1）照顾主要客人退场：会谈结束后，服务员应站立于会议室门口或指定位置送别宾客，如遇年长者或主要宾客应主动送到上车位。

（2）检查活动现场：先对会场进行仔细巡查，如遇宾客有遗留物件，应及时送交宾客或交主办单位，其次查看现场有无未熄灭烟蒂，及时熄灭火种。

延伸阅读

会谈服务须知

（1）有省级领导参加的会议，会议服务部门人员应分别在大厅、一楼和会场所在楼层电梯口、会场迎候，督促做好接待；

（2）会场内需张贴物品及做喷绘内容，及时与分管营销员联系，服务员做好现场管理；

（3）会场夜间进行布置，提前做出要求的，会场留服务员进行现场管理；

（4）会场不用时，需做好每日的日常清洁，保证环境整洁。

任务评价

序号	评价项目	评价标准	评价结果			
			优	良	合格	不合格
1	会谈开始	拉椅服务先后次序明确； 茶水不烫口				
2	会中服务	保持待命距离或应客人要求适时回避，勿随意进出； 控制好续水间隔时间； 姿势规范				
3	会谈结束服务	照顾好主要客人退场； 检查现场无安全隐患				

任务练习

一、实操练习

会谈续水服务实操练习。

组织两名学生分别扮演会议服务员和客人，重现任务导入中的案例情境。加深学生对侧身位斟茶水服务礼仪的印象，使其理解茶水服务在会议服务中的重要性。

教师将侧身位斟茶水服务方式做成正确姿势和错误姿势两种，分别请两名学生表演，其后由观摩学生集体评价两种方式的利与弊。

学生两人一组，分别扮演会议服务员和客人的角色，在学校模拟会议室内进行规范的侧身位斟茶水训练。由实训指导教师对实训过程是否规范标准把关。

每组演练后参与任务评价，写成实训小结。

二、试题练习

1. 填空题

当宾主来到会谈桌前，服务员要 ________。

2. 单项选择题

（1）会谈中，服务员应保持待命距离，即员工应（　　）。

A. 待在厅室门口　　B. 待在会谈桌旁

C. 待在室内距客 3 米远处

（2）侧身位提供茶水服务，要求员工立于宾客（　　），身姿略远离客人。

A. 左后侧　　B. 正前侧　　C. 右后侧　　D. 右前侧

3. 简答题

（1）会谈开始时，员工如何践行服务礼仪规范？

（2）简述会谈中如何将对客人的影响减少到最低程度。

附录　饭店主要客源国服务礼仪

随着我国国际地位日渐提升，与世界各国的交往更加频繁，饭店业服务标准亟须提升，从而体现我国礼仪之邦的特色。要求学生在学习饭店礼仪中熟知亚洲、欧洲、美洲、非洲、大洋洲等各个代表客源国的服务礼仪常识，做到尊重来自不同民族、不同文化背景、不同区域的来宾，践行饭店的接待服务礼仪规范，以便提高服务能力和自身修养。

客源国一：日本

日本是我国最大的客源国之一。日本位于亚洲东部、太平洋西岸，陆地面积约37.8万平方千米。首都为东京，通用语日语，国花为樱花，货币为日元。

日本人初次见面时，要向对方脱帽鞠躬45度为见面礼，他们只有对熟悉的人，才施以握手礼或拥抱礼。在行鞠躬礼时，鞠躬的角度、鞠躬时间的长短、鞠躬的次数往往会与向对方所表示的尊敬程度成正比。日本人彼此较熟悉时见面互相鞠躬以二三秒钟为宜，如遇见好友，腰弯的时间要稍长些。说话客气，交谈轻声细语，待人彬彬有礼，微笑相迎神情欢喜。

到日本从事商务活动，宜选择在2月至11月，其他时间当地人多休假或忙于过节。日本人在商务活动中很在意名片的作用，他们认为名片表明一个人的社会地位，因此总是随身携带。日本商人比较重视建立长期的合作伙伴关系。他们在商务谈判中十分注意维护对方的面子，同时希望对方也这样做。赠送礼品时，当地人非常注重阶层或等级，因此不要给他们赠送太昂贵的礼品，以免他们因此误认为你的身份比他们高。

日本人把紫色看成悲伤的色调，忌讳绿色，认为绿色是不祥之色；日本人忌讳荷花，认为荷花是丧花；日本人忌讳“4”，主要是因为日语中“4”和“死”的发音相似，很不吉利；“13”也是他们忌讳的数字，许多宾馆没有“13”层和“13”号房间；他们对送礼特别忌讳“9”，会误认为你把主人看作强盗，最好用花色纸包装礼品，不要在礼品包装上系蝴蝶结，不要给日本人送有动物形象的礼品；一般人不要送菊花，因为菊花一般是王室专用花卉；还忌讳三人一起合影，他们认为拍照时中间的人被左右两人夹着，这是不幸的预兆；行鞠躬礼时手中不得拿东西，头上不得戴帽子，手也不可以放在衣服的口袋里，在行见面礼时，必须态度谦恭地问候对方。

客源国二：韩国

韩国是我国的近邻，与我国山东半岛隔海相望。它位于朝鲜半岛南半部，北接朝鲜，三面环海。国土面积10.329万平方千米，人口约5200万。首都为首尔，是韩国最大的城市。国旗名为“太极旗”，国花为木槿花，货币为韩元。韩国经济发展水平居亚洲前列，是我国第四大客源国。

拜访礼仪。必须预先约定；韩国人很重视交往中的接待，宴请一般在饭店或酒吧举行，夫人很少在场；进入家庭住宅或韩式饭店应脱鞋。若被邀请到家吃饭或赴宴，拜访韩国家庭时要带礼物，并用双手奉上；敬酒时，要鞠躬致辞，要一连三杯，敬完酒后再鞠个躬才能离开；不要随便参观主人房间。

见面礼节。见面时，韩国传统礼节是鞠躬，而且要45度；男人之间见面互相鞠躬并握手；鞠躬礼节一般在生意人中不使用；和韩国官员打交道可以握手或点一下头；女人一般不与人握手；相见或分手时要问候及致道谢词。在称呼上多使用敬语和尊称。道谢时一定要低头致谢，这也是非常重要的礼节(低头的程度视对方的年龄、上下级关系而不同)。

送礼礼仪。双手接礼物，不会当着客人的面打开；不宜送外国香烟给韩国友人；酒是送韩国男人最好的礼品，但不能送酒给妇女；赠送韩国人礼品应注意，韩国男性多喜欢名牌纺织品、领带、打火机、电动剃须刀等，女性喜欢化妆品、提包、手套、围巾类物品和厨房里用的调料，孩子则喜欢食品；如果送钱，应放在信封内。

尊重长辈。晚辈遇到长辈要鞠躬90度，站在一旁；亲朋和同事间，问一下“你好”就足够；长者进屋时都要起立，问其高寿，和长者谈话要摘去墨镜；与年长者同坐时，坐姿要端正；吃饭时老人动筷后，其他人才能吃。

韩国政府规定，韩国公民对国旗、国歌、国花必须敬重。不但电台定时播出国歌，而且影剧院放映演出前也放国歌，观众须起立。

韩国人对“4”非常反感。许多楼房的编号忌讳出现“4”；医院、军队绝不用“4”编号。韩国人在喝茶或喝酒的时候，主人总是以1、3、5、7的数字单位来敬酒、敬茶、布菜，并忌讳用双数停杯罢盏。逢年过节相互见面时，不能说不吉利的话，更不能生气、吵架。

客源国三：俄罗斯

俄罗斯联邦，简称俄罗斯，人口约1.46亿，国土面积约1709.82万平方千米，是世界上面积最大的国家，地域跨越欧亚两个大洲，与多个国家接壤，首都莫斯科。绵延的海岸线从北冰洋一直伸展到北太平洋，还包括了内陆海黑海和里海。俄罗斯联邦的国旗，旗面由三个平行且相等的横长方形组成，由上到下依次是白、蓝、红三色，国徽为盾徽，俄罗斯国花为向日葵，官方语言为俄语，使用货币为卢布。

在人际交往中，俄罗斯人素来以热情、豪放、勇敢、耿直著称于世。在交际场合，俄罗斯人惯于和初次会面的人行握手礼。但对于熟悉的人，尤其是在久别重逢时，他们则大多要与对方热情拥抱。在迎接贵宾之时，俄罗斯人通常会向对方献上“面包和盐”。这是给予对方的一种极高的礼遇，来宾必须对其欣然笑纳。在称呼方面，在正式场合，他们也采用“先生”“小姐”“夫人”之类的称呼。在俄罗斯，人们非常看重人的社会地位。因此对有职务、学衔、军衔的人，最好以其职务、学衔、军衔相称。依照俄罗斯民俗，在用姓名称呼俄罗斯人时，可按彼此之间的不同关系，具体采用不同的方法。只有与初次见面的人打交道时，或是在极为正规的场合，才有必要称呼俄罗斯人全名。站立时，身体不能靠在别的东西上，最好是挺胸收腹；坐下时，两腿不能抖动不停。在与人交流前，不要吃散发异味的食物。最好不要做一些有失庄重的小动作，比如说掏耳朵、挖鼻孔或修指甲等，更不能乱丢果皮和烟蒂。见面握手时，忌形成十字交叉形，即当他人两手相握时，不能在其上下方再伸手，更不能倚在门槛和隔门握手。俄罗斯有“左主凶，右主吉”的传统说法，因此，无论是握手还是递还物品，切忌伸左手给对方。遇老者、妇女、上级时不应主动伸手，要等待对方先伸手。脸要保持微笑，若冷若冰霜，没有表情，则将被对方视为冷淡的表现。

忌用手指指点点，不论在任何场合都是如此，俄罗斯人认为这是对人的莫大侮辱。在人面前，不能将手握成拳头，大拇指在食指和中指间伸出，俄语中称此手势为“古基什”，是蔑视嘲笑的粗鲁行为。而美国人常用的OK手势，即用大拇指和食指接触成“O”形，其他三指伸直，在俄罗斯则是“非礼”的表示。交往中切忌用肩膀相互碰撞，这种行为一般只发生在挚友之间，否则，身体碰撞是极为失礼的行为。避免交谈中使用“你应该”一词，俄罗斯人向来尊重个人意见，反感别人来对自己发号施令。不能说“你发福了”之类的话。朋友久别重逢，寒暄问候时，切不可谈论胖瘦，俄罗斯人觉得这是在形容其臃肿、丑陋。在送礼时，忌赠送刀叉等有利刃或齿状物品；忌送手帕；忌送蜡烛；忌送野花；忌送黄色和三色以上混杂的花；忌送活猫；忌送空钱包。

客源国四：美国

美国共分50个州和1个特区，有3143个县，东濒大西洋，西临太平洋，北靠加拿大，南接墨西哥湾。美国是个多文化和多民族的国家。1776年7月4日，大陆会议在费城正式通过《独立宣言》，宣告美国诞生。

美国人性格开朗，举止大方，乐于交际。他们在社交场合，遵循“女士优先”原则。如果应邀参加家庭聚会，可问主人需要什么礼物，即使主人婉谢，去时仍可带瓶葡萄酒或一束鲜花，或带一些具有中国风味的小礼物。除非事先言明，一般聚会活动以不带小孩参加为宜，如果聚会性质为野餐烤肉，则大都可全家参加。

美国人对握手时目视其他地方很反感，认为这是傲慢和不礼貌的表示。美国人在社交场合有以下忌讳：忌讳向妇女赠送香水、衣物和化妆用品。忌讳别人冲自己伸舌头，认为这种举止是侮辱人的动作。忌讳数字“13”“星期五”等日子。忌讳问个人收入和财产情况，忌讳问妇女婚否、年龄以及服饰价格等私事。

客源国五：澳大利亚

澳大利亚位于南太平洋和印度洋之间，由澳大利亚大陆和塔斯马尼亚岛等岛屿和海外领土组成。它东濒太平洋的珊瑚海和塔斯曼海，西、北、南三面临印度洋及其边缘海，海岸线长约 3.67 万公里。面积 769.2 万平方千米，占大洋洲的绝大部分，虽四面环水，沙漠和半沙漠却占全国面积的 35%。全国分为东部山地、中部平原和西部高原 3 个地区。全国最高峰科修斯科山海拔 2230 米，最长河流墨累河长 2589 公里。在东部沿海有全世界最大的珊瑚礁——大堡礁。澳大利亚北部属热带，其他大部分属温带。

澳大利亚人很讲究礼貌，在公共场合从来不大声喧哗。在银行、邮局、公共汽车站等公共场所，都是耐心等待。握手是一种当地人相互打招呼的方式，拥抱亲吻的情况罕见。澳大利亚社会同英国一样有“女士优先”的习惯；他们非常重视自己的仪表，男子大多数不留胡须，出席正式场合时西装革履，女性是西服上衣西服裙。澳大利亚人的时间观念很强，约会必须事先联系并准时赴约，最合适的礼物是给女主人带上一束鲜花，也可以给男主人送一瓶葡萄酒。澳大利亚人待人接物都很随和。

在澳大利亚，即使是很友好地向人眨眼（尤其是向妇女），也会被认为是极不礼貌的行为。他们对兔子特别忌讳，认为兔子是一种不吉祥的动物，人们看到它都会倒霉，因为这预示着厄运将要临头。他们对数字“13”很讨厌。认为“13”会给人们带来不幸和灾难。他们忌讳“自谦”的客套语言，认为这是虚伪和无能或看不起人的表现。

客源国六：南非

南非位于南半球，在非洲大陆的最南端，介于南纬 22 度至 35 度和东经 17 度至 33 度之间，面积为 1219 090 平方公里。

南非，全称是南非共和国，因地处非洲南部而得名，素有“彩虹之国”和“黄金宝石之国”之誉。

南非社交礼仪可以概括为：黑白分明，英式为主。“黑白分明”是指受种族、宗教、习俗的制约，南非的黑人和白人所遵从的社交礼仪不同；“英式为主”是指因长时期内由白人掌握南非政权，所以南非社会以白人的社交礼仪特别是英式社交礼仪为主。

在社交场合，南非人的见面礼节是握手礼，他们对交往对象的称呼则主要是先生、小姐或夫人。在南非，握手时如果握得有气无力，易被认为是虚情假意，毫无诚心。他们认为，用力的程度跟对方的友好程度是成正比的，最好握得他们手都感到麻木叫痛。南非人为人处世非常大胆直爽，与对方进行交谈时，过分地委婉或者兜圈子，都是不受欢迎的。在南非进行商务活动，持英语名片最为方便。在商务谈判桌上，只允许使用英语对话。

在南非，跟当地人交谈或碰面的时候，不能目不转睛地瞪着对方，这么做，对方会感觉不吉，并会大感不悦。

非洲通行的打招呼方式为举起右手、手掌向着对方。使用这种方式的目的是表示“我的手并没有握石头”，即表明没有武器。这个习俗自古在世界各地普遍采用，只不过样式稍有不同，可以说是象征友好的方式。

南非礼仪“六不要”：不要随便拍照；不要为白人评功摆好；不要非议黑人的古老习俗；不要评论不同黑人部族或派别之间的关系及矛盾；不要为对方生了男孩而表示祝贺（在许多部族中，这件事并不令人欣喜）；不要称南非人为“African”，应该是“South African”。

参考文献

[1] 李晰，樊帆 . 服饰在酒店礼仪中的重要性 [J]. 大家，2010（7）.

[2] 张秋埜 . 酒店服务礼仪 [M]. 杭州：浙江大学出版社，2009.

[3] 金正昆 . 服务礼仪教程 [M]. 3 版，北京：中国人民大学出版社，2010.

[4] 杜明汉 . 商务礼仪——理论、实务、案例、实训 [M]. 北京：高等教育出版社，2010.

[5] 李国辉，杨静怡 . 宾馆酒店从业人员礼仪规范 [M]. 成都：成都时代出版社，2012.

[6] 罗旭华，徐速 . 酒店职业素质与礼仪 [M]. 北京：经济科学出版社，2013.

[7] 金正昆 . 服务礼仪 [M]. 西安：陕西师范大学出版社，2012.

[8] 任杰玉 . 酒店服务礼仪 [M]. 上海：华东师范大学出版社，2009.

[9] 王冬琨 . 酒店服务礼仪 [M]. 北京：清华大学出版社，2012.

[10] 陆永庆 . 旅游交际礼仪 [M]. 大连：东北财经大学出版社，2002.

[11] 高永荣 . 会议服务 [M]. 北京：清华大学出版社，2011.

[12] 王兴斌 . 中国旅游客源国概况 [M]. 北京：旅游教育出版社，2010.

[13] 金惠康 . 跨文化交际翻译 [M]. 北京：中国对外翻译出版公司，2003.

[14] 郑阳 . 提升公民旅游文明素质 [J]. 当代学生，2007（21）.

[15] 飘飘 . 旅游文明看细节 [J]. 风景名胜，2008（1）.

[16] 法国驻上海总领事馆文化处 . 法国风情录 [M]. 上海：东方出版中心，1997.

[17] 喻学才 . 近七年旅游文化研究综述 [J]. 旅游经济，1997（2）.

[18] 邹统钎 . 中外旅游目的地比较研究 [M]. 北京：旅游教育出版社，2008.

[19] 林森 . 法国旅游概况——法国旅游业发展现状 [M] // 谈世中 . 世界经济年鉴 2004—2005，北京：经济科学出版社，2005.

[20] 张文 . 礼仪修养与实训教程 [M]. 广州：华南理工大学出版社，2009.

[21] 陈志学 . 饭店服务质量管理与案例分析 [M]. 北京：中国旅游出版社，2006.

[22] 赵涛 . 餐饮店经营管理 [M]. 北京：北京工业大学出版社，2006.

[23] 付钢业 . 现代酒店服务质量管理 [M]. 广州：广东旅游出版社，2005.

[24] 伍进 . 论提升酒店服务质量的基本方法 [J]. 甘肃科技纵横，2005.

[25] 丁玉平 . 浅谈授权对酒店提高服务质量的意义及实施技巧 [J]. 商场现代化，2007.

[26] 张艺. 酒店有形服务与无形服务的有效整合 [J]. 科技创业月刊，2006.
[27] 袁明. 美国文化与社会十五讲 [M]. 北京：北京大学出版社，2003.
[28] 金正昆. 涉外礼仪教程 [M]. 北京：中国人民大学出版社，1999.
[29] 杨萍. 酒店服务礼仪 [M]. 海口：南海出版社，2009.
[30] 王旭. 酒店服务礼仪 [M]. 北京：中国传媒大学出版社，2010.
[31] 张素洁，代智弘. 饭店服务礼仪 [M]. 北京：中国铁道出版社，2010.
[32] 李博洋. 旅游服务礼仪 [M]. 成都：西南财经大学出版社，2012.
[33] 何丽芳，隋海燕. 酒店实用礼仪 [M]. 广州：广东经济出版社，2013.
[34] 张淑珍，杨笑蕾. 服务礼仪 [M]. 北京：科学出版社，2013.
[35] 陈弘美. 用筷子夹出美味——日餐、中餐礼仪 [M]. 北京：生活·读书·新知三联书店，2012.
[36] 陈弘美. 用刀叉吃出高雅——西餐礼仪 [M]. 北京：生活·读书·新知三联书店，2012.
[37] 赵荣光. 中华饮食文化 [M]. 北京：中华书局，2012.
[38] 陈莹. 客房服务与管理 [M]. 北京：高等教育出版社，2019.
[39] 吴梅. 前厅服务与管理 [M]. 北京：高等教育出版社，2016.